图解服务的细节
055

飲食店「メニューと集客」の黄金ルール

餐饮店爆品打造与集客法则

[日] 松本和彦 著
王思怡 译

人民东方出版传媒
People's Oriental Publishing & Media
東方出版社
The Oriental Press

目录

序章 实用五感食谱 & 海报集锦

第1章 快速提高营业额的“五感菜品”制作方法

第2章 一学就会的“五感菜品”宣传方法

专题 畅销技巧

第3章 保证生意兴隆的集客步骤大公开！

STEP1 开发潜在顾客

第4章 掌握诀窍的诀窍

序章

实用五感食谱 & 海报集锦

※ 关于每个食谱和海报解说栏中的“SURPRISE”的内容，在第 1 章的第 10~13 页，“五感 POINT”的内容在第 14~22 页，“USP”的内容在第 35 页中均有详细说明。阅读了这些内容之后，再次阅读序章，会使您的理解更加深刻。

原来如此！

即便使用的都是常规食材、常规做法，但却有着令顾客感到新颖、独特的窍门。

至今一直保持销量第一的甜点，其秘密在于甜点的形状和命名。

让顾客联想到人类最大的欲望『梦想的实现』，是其成功的关键。

"Cézanne（塞尚）"（岩手县盛冈市）

草莓气球

450 日元

▶成本……170 日元　▶成本比例……38%　▶日均出品数……20 个

* 做法 *

①挑选大颗草莓两颗，并将其切成 3 毫米的薄片

②将巧克力海绵蛋糕切成高 3 厘米、宽 5 厘米的方块

③在②的上面放上用冰淇淋球勺挖出的香草冰淇淋

④四周用泡沫奶油定型，使其呈气球形状

⑤在④的周围贴附上切好的草莓薄片

⑥装盘，淋上炼乳

⑦撒上冷冻水果，并加上芒果酱

⑧点缀杏仁切片、薄荷，撒上适量糖粉

* 材料 *

草莓…………………………… 2 颗 切薄片

海绵蛋糕（巧克力）…… 3 厘米高方块 1 个

香草冰淇淋……… 18 号冰淇淋球勺大小 1 份

泡沫奶油 ……………………………30g

冷冻什锦水果……………………… 适量

炼乳……………………………… 10ml

芒果酱…………………………… 10ml

薄荷叶…………………………… 适量

杏仁切片………………………… 适量

糖粉……………………………… 适量

五感 POINT

触

由于草莓的切法是对着其纤维呈直角进行切片的，因此口感十分清脆。

咬开气球看到里面是香草冰淇淋后，还能给人带来意外之喜。

听

※该商品在声音方面没有特别关注。

视

该商品最大的要点就是草莓切片紧密无间地贴附而成的圆球形状。

Balloon 就是气球。该名称体现了『在天空翱翔』这一人类的『梦想』。

嗅

当然，草莓本身酸甜的香味也是其特征。

将这一特点加以充分利用，让顾客不会过度关注其他食材的香味。

味

为进一步突出草莓的酸味，该甜点选择了巧克力口味的海绵蛋糕。

由此，顾客就可以感受到巧克力的苦味和草莓的酸味、炼乳的甜味三者之间味道的对比和反差。

USP① · SURPRISE

“草莓气球”这一甜点令人联想到“梦想”的形状和命名是最大 USP（独特卖点）。

该甜点尤其令人印象深刻的就是“balloon”（气球）这一形状。

在外形上下了很大功夫，让顾客在看到商品第一眼的时候，就感到“可爱”“时尚”。

仅靠这一点也足以吸引顾客的注意，但实际上“气球”这一命名也是该甜点热卖的原因。

之所以这么说，是因为，从古至今，人类都有着“像鸟儿一样在空中翱翔”的梦想。“balloon”（气球）这一命名恰恰触动了人们梦想的琴弦。

“在天空中翱翔”，对整个人类来说，都是“梦想”的代名词，因为该梦想能够实现和满足人类“自我实现欲望”这一高度欲求。

人类在潜意识中会感受到这一欲求。再简单点说就是，仅仅听到“草莓气球”这一甜点名称，就会令人感到激动和兴奋。所以这款甜点才会热销。

至此，各位读者就已经揭开了这款热卖商品的秘密，明白了该甜点“看起来很好吃”的真正原因了吧？经过这一番解释，您是否觉得“确实如此”呢？

---

① 译者注：USP，在经济领域上代表独特的销售主张。独特的销售主张或“独特的卖点”，Unique Selling Proposition。

终于打造出了『一锅四吃的汤豆腐』！

依靠『主打菜品汤豆腐』打造的人气旺铺……

中年人的人气居酒屋（商铺）。

"神保町 BAL"（东京都千代田区）

又次郎汤豆腐 1480 日元

▶参考成本……350 日元 ▶成本比例……24% ▶日均出品数……18 个

* 做法 *

①制作白酱油（将海带和鲣鱼反复煮沸）
②豆腐要在每天开店营业前用豆浆和卤水现制现用
③另外准备叶菜
④涮品的肉类也另外准备
⑤先吃汤豆腐
⑥接下来是涮着吃各种食材。在此期间提供橙醋（日式甜酱油）
⑦最后添加足量高汤，将挂面直接放入食用，最后也可以来煮荷包蛋

* 材料（2 人份）*

豆腐……1/2 块
白酱油……400ml
牛肉片……80g
鸡肉丸……80g
猪里脊肉……80g
白芹……20g
水芹……1/4 把
芝麻菜……20g
圣女果……2 个
龙须菜……两根
金针菇……1/4 把
杏鲍菇……1/4 个
挂面……80g

五感 POINT

味

这款汤豆腐有着香甜的口感，是在其他地方品尝不到的。汤汁也充满了海带和鲣鱼的浓厚味道，让人联想到美味的乌冬面酱汁。

嗅

鲣鱼的香味弥漫在整个店铺。该店还有西班牙特色小吃，因此店内还飘荡着大蒜和橄榄油的香味相混杂的味道，能勾起客人难以言表的食欲。

视

汤豆腐和涮锅菜品一起呈上的情况，估计每位初来的顾客都是头一回见到。『这个到底应该怎么吃?』从顾客询问这一句开始，店家和顾客之间的交流就由此展开了。

听

该商品在声音方面也没有特别关注。硬要说的话，则客人们围着锅子进行的『愉快交谈』就是其最佳音效。

触

这款汤豆腐的口感用『薄雪般入口即化』来表现恰如其分。因为现制现用，没有在水中放置，因此吃起来一点也不水。在豆腐的制法上有独特秘方。

USP · SURPRISE

“以汤豆腐为主打菜品的店铺能否顺利经营下去?”

这一问题是我在为“神保町 BAL”建立经营理念主体时最为困惑的地方。

我自己经常将“只有具备超值感、美味感的简单易懂的 USP，商品才能够畅销”这句话挂在嘴边，因此非常苦恼。

“或许经营现今流行的涮锅会更好吧……”

而最终我将这一担心暂放一旁，“神保町 BAL”在开店仅 1 个月后，就生意火爆。

卖点最终还是大胆选择了“汤豆腐”。

这款汤豆腐在新宿高岛屋仅 30 分钟就销售一空，直接使用了由世田谷著名豆腐店“成田屋丈卫门”传授的豆腐制作法。虽然“又次郎汤豆腐”还可以与涮锅一起享用，但单点汤豆腐的顾客也非常多。

高汤采用的是从京都老字号鲣鱼干批发商“福岛鲣鱼”采购的该店独创的混合鲣鱼干。这两种食材在一起创造出了“独特的味道”。

这正是“将一般情况下不会畅销的商品打造成热销商品”的典型案例。这也是执着于精选食材和独特制法，并借此在市场竞争中获得成功的例子。

该款汤豆腐将大家吃惯了的汤豆腐重新进行了新颖的组合，从而获得了成功，是近期我打造的比较成功的热销商品。

令人联想到祇园祭的花车（祭神用的彩车）。仿佛正发出『丁零丁零』的响铃声。

专注于声音而打造出的科布沙拉，一端上桌就会令顾客笑容满面。

"神保町 BAL"（东京都千代田区）

祇园祭沙拉

680 日元

▶参考成本……190 日元 ▶成本比例……28% ▶日均出品数……4 个

* 做法 *

①在盘底铺上生菜，并在其上放满苦苣
②在四周铺放上彩椒、圣女果、牛油果、甜虾、红腰果
③加入法式沙拉调味汁
④在顶部放上鸡蛋丝、干炸面
⑤在另外的容器（附有铃铛）中加入沙拉酱，一起提供给顾客

* 材料 *

苦苣……30g
生菜……20g
彩椒（红）……5g
彩椒（黄）……5g
圣女果……2 个
牛油果……1/4 个
甜虾（小）……4 只
红腰果……10g
鸡蛋丝……5g
干炸面……10g
沙拉酱……30g
杏鲍菇……1/4 个
法式沙拉调味汁……10g
铃铛……1 个

五感 POINT

味

有科布沙拉的感觉。

该款菜品有『微甜且醇厚』的味道。

不过，仅仅是这样的话还不够，因此还加入了法式沙拉调味汁。

嗅

该商品并未在嗅觉上做特别关注，但如果顾客想要增加一些香味，那么我认为加入一些店家自制的七香粉（加入了咖喱粉）会令味道变得很有趣。

视

视觉也是该商品的要点之一。

依据京都祇园祭的山鉾的外形，尽可能地将食材堆积得很高。并利用鸡蛋丝演绎出『和』的意象。

听

听觉上的关注是该商品畅销最大的要点。为了营造出祇园祭的感觉和氛围，我们尝试着在装沙拉酱的容器把手处系上了铃铛，结果获得了顾客『觉得很有趣』的评价。

触

依靠干炸面营造出酥脆的口感。干炸面的意外性和形象化的优点，连我自己都觉得非常不错。

USP・SURPRISE

“总觉得还稍显不足啊。”

虽然“祇园祭沙拉”是因为想到了个好点子而制作出来的，但总觉得还有令人不甚满意的地方。

虽然吃起来其美味程度也符合我的心理预期，但还稍微缺了点冲击性。当时，我的直观感受是“这款菜品不会热卖”。

确实，该菜品有着前所未有的名字和形象外观，但总觉得没有脱离“标新立异的创作型料理”的局限。所以我每天都绞尽脑汁思索更好的点子，直到试制品发表会的前一天，我仍然没有想出解决的办法。

而忽然一瞬间我有了灵感。

出现在我面前的是自家的家猫“小 P”。那天，它脖子上少了平日一直戴在脖子上的系着铃铛的项圈。

“今天的小 P 好像少了点什么……啊，原来是这样！祇园祭沙拉也少了铃铛的声音。”

灵光一闪的我马上奔赴百元店，买了带把手的酱汁碟和铃铛。

然后我在委托人的面前让酱汁碟发出“丁零”声，并缓缓地注入了沙拉酱（实际上声音“丁零当啷”地）。

如此一来委托人也大喜过望，马上将其作为本月的推荐菜品推出，结果大卖。于是我幸运地完成了新商品的开发。对我家小 P 表示感谢！

使营业额提高30%的『意大利风味最终武器』正是这个！

开胃菜、沙拉、红茶、甜点等『四种自助』。

为何推出了美味食品却无法流行热卖？这一谜题已经解开。

"MARISA"（群马县桐生市）

四种自助 2300~3000日元

▶参考成本……760日元　▶成本比例……33%　▶日均出品数……30个

*** 做法 ***

①黄油煎蛋加生菜（或蔬菜）及烤面包配松露酱
②芝士奶汁烤芋头和墨西哥肉酱
③帝王蟹芝士焗饭
④文火煨红鲑鱼配菠菜
⑤白咖喱烤肉丸
⑥明太子土豆泥沙拉
⑦香辣墨鱼仔意大利面
⑧南瓜红薯甜味沙拉
⑨章鱼沙拉配芹菜
⑩鲜虾芝麻菜沙拉
⑪长叶生菜凯撒沙拉
⑫西班牙风味沙拉酱蒸蔬菜
⑬4种白色生牛肉片沙司

*** 红茶、花茶 ***

大吉岭红茶　茉莉花茶
祁门红茶　乌龙茶
乌瓦红茶　绿茶

*** 点缀配料 ***

扶桑花　苹果
玫瑰果　陈皮
薄荷　其他
柠檬香蜂草

五感 POINT

触

自己随意选取喜欢的东西这一『行为』能够提高热情（干劲儿）。客人会不会嫌麻烦？让客人自取是否太失礼了？虽然也这么想过，但这种担心在看到走向自助餐台的客人那愉快的表情时就一扫而光了。

听

菜品刚一做好就端到自助餐台时的『刚出锅的热腾腾的奶汁烤菜做好啦』的声音。自助餐台周围来取餐的客人们、为客人介绍菜品的店员迸发出的愉快的交谈。

视 SURPRISE

这是最大的 USP。店铺中央摆放着巨大的餐台，其上生动地展示着本店各种美味佳肴。一口气将所有菜品都摆放其上，甚至让人难以决定吃什么好。自助形式也从以往的西式自助主打的『量的自由』转变为『选择的自由』这种『选择的自由』能给人带来强烈的冲击感。

嗅

所有菜品均保证处于新鲜出炉的状态，热饮和热汤等均放置在加热台上加热，因此店内飘荡着菜品的香味。

味 SURPRISE

这是让客人感到惊喜之处。在『黄油煎蛋加生菜（或蔬菜）及烤面包』『帝王蟹芝士焗饭』等一些基本成本较低、可以出量的菜品中特意加入一些高级食材如松露、帝王蟹等。由于这类酱料和食材只是作为点缀进行添加，因此尽管成本很低但也能够保证带给客人足够的惊喜。

USP・SURPRISE

首先要让客人被摆放在大厅中央的自助餐台上展示的菜品吸引住目光，这是最关键的地方。首先要诉诸视觉冲击。

其次，是突出菜品种类的丰富多样，而不是量大量足的感觉。

说起自助餐，会给顾客“食品酒水不限量”的印象更强烈，对店方也抱有一种计量“在此用餐会收我多少钱”的心理。

但是，现如今是要靠“随意选择”决一胜负的时代。

时代已从“量的自由”转变为“选择的自由”。“能否且如何提供给顾客更多充满吸引力的选项（选择）”才是最大的重点。

现今顾客的最大需求就是想要得到“在众多更加有吸引力的菜品中随意挑选的自由”。

顺便说一句，他们还想要拥有“自由的时间和空间”。

一般客人在此消费自助餐，可接受的价格范围在 3000 日元以内。因此，将午餐 1500~1800 日元、晚餐 2300~3000 日元这个范围设定为自助餐收费标准较为理想。

如果您的店铺目前经营不善，若能够对菜品进行展示，打造有吸引力的自助餐台的话，那就应该毫不犹豫地动手去做。

这是对客人的尊重和理解。

现在的客人重视的是“自由的时间”和“对用餐空间、菜品的选择”。

"笑屋"（广岛县尾道市）

海报广告能否成功取决于"是否引人注目"。

没人看就没有意义。

靠丰富的配菜畅销的拉面（770 日元）

▶参考成本……200 日元　▶成本比例……26%　▶点单数占来店点单总数中的 70%

五感 POINT

味

该款拉面打造出的正是日本人最喜欢的『鲣鱼风味猪骨酱油拉面』。

而且，拉面正中的被称为『红玉』的辣椒丸融化后，拉面就会一下子变为辣口拉面。

嗅

充分考虑鲣鱼的风味和猪排骨的甜香而制作出的一款菜品。猪排骨中加入蜂蜜以提升甜度。

起初我们犹豫是否加入肉桂，而下定决心加入后，给菜品带来『异国风味』。

视

如图所见，该拉面注重『视觉的奢华』。因为是居酒屋，这种程度应该恰到好处，因此在颜色的选择上也充分使用了鲜艳的色彩。菜品也使用大红色的面碗盛装，并使用带骨的猪排骨作为叉烧，这正是成功的根源。

听

※该商品在声音方面没有特别关注。

触

温度自不必说，重点是要『吃出热度』。

拉面如果凉了就不好吃了。因此每次都要将汤汁加热到接近沸腾，盛面的容器也要在热水中加热后再拿出盛装拉面。

USP・SURPRISE

“充满拉面”这个名字听起来很好吃自不必说，读起来语感也非常顺口，炫目且直观形象的海报广告也为此款拉面增色不少。因此，该款拉面的销量由打出海报广告之前的每天一两单增加到了点单数占来店顾客单数的 70%（10 单左右）。每单的单价也有所提高（提高了 300 日元左右），当然人均价位也得到了提升（提高了 80 日元）。

以往一味喝酒的客人也开始增加点单，“最后再点一碗拉面，然后咱们俩再喝一杯怎么样？”这样的情况也有所增加。

开发这款拉面的契机是“想要提高客单价”“想拓宽客人的来店动机”“想要降低成本”。

当时，“笑屋”的人气商品是生鱼片和高档烧酒。这两种在店里卖得都非常好，但即便如此，人均单价还是无法提高，店家苦于成本太高。

因此，这款拉面面市后，最初只是在总菜品上附上手写海报，后来又夹入了彩色海报广告，并在店内发放了传单，竟突然开始热卖，每天都有 10 单左右的销量，作战计划圆满成功了。

结果人均价位提高了 80 日元，营业额提高了 15%（成本反而略有降低）。

之后，还有很多客人来店用餐时询问：“只点一碗拉面可以吗？”这家店也从客流稀少变得生意红火起来。

这款在铁板上制作的日式蛋卷是五感料理的代表作。

最近几年，铁板烧人气暴涨。那么，为什么铁板烧会如此流行呢？

"次郎食堂蛎壳町店"（东京都中央区）

铁板烧日式蛋卷 580日元

▶参考成本……110日元 ▶成本比例……18% ▶日均出品数……10个

动作、声音、香味，铁板上有三种附加材料

*** 做法 ***

①在碗中放入鸡蛋、高汤、调味料，并搅拌均匀

②在铁板上刷上色拉油，将①全部倒入铁板上，使之呈长50cm、宽20cm的长方形

③将②由一端开始慢慢卷起来

④盛放到加热好的铁板上，并在蛋卷上铺上紫苏叶子，上面放上萝卜泥

⑤再另取容器添加牡蛎酱油

*** 材料 ***

鸡蛋…………3个
白酱油…………80ml
砂糖…………3g
盐（视客人口味酌量增减）…………1g
色拉油…………20ml
紫苏叶…………1片
萝卜泥…………10g
牡蛎酱油…………30ml

五感 POINT

触

热气腾腾的蛋卷。
闻着散发出『香喷喷』味道的『绵软』的日式蛋卷真是无可挑剔的美味佳肴。
蛋卷中夹入鳕鱼子也十分好吃。

听

设有铁板烧区域的店铺所特有的音效就是铁铲撞击铁板时发出的『铮铮』声。
这种现场感会使客人们兴奋不已。
声音的效果果然强烈！

视

这是最大的USP。
厨师将铺满一面铁板的鸡蛋骨碌碌地卷起来的身姿是该料理最精彩的部分。
这是在铁板上制作的铁板日式蛋卷特有的USP。

嗅

从在铁板上制作料理开始，高汤被烧烤的焦香就弥漫在整个店铺中。虽然这么说有些夸张，但事实确实如此。
正在制作料理的我都不禁被这种香味激起了食欲。客人们肯定也是这么想的。

味

加入了高汤后的日式蛋卷在口味上略微偏甜。
口味上的特点在于和日式蛋卷一起添加的牡蛎酱油。
这种酱油是口感柔和、能发挥出牡蛎独特口味的酱油。

USP・SURPRISE

由于铁板料理人气火爆，因此店内增加了铁板类的料理。

其理由是，在五感之中，铁板料理可以展现出其他菜品几乎无法实现的制作层面上的“声音”“气味”“动作”。

①铁板师傅熟练使用两只铁铲制作料理的炫酷“动作”，满足了客人们五感之一——视觉方面的诉求。

②“吱——吱——”的烧烤声音、铁铲撞击铁板时“铮铮”的声音这种临场感和与厨师的对话都是很好的体验。

③在铁板上烧制的食材的香味飘散在店内，引起食客们的食欲。

说起铁板烧，会让人联想到“高级牛排店”的感觉，但近来，铁板烧市场延展至3000日元价位的市场。

这种扩张的态势还会持续相当长的一段时间，因此铁板烧广受餐饮店关注。这是因为该业态比起其他业态，更能够满足客人五感上的直观诉求。

至于价格的问题，该款料理也做到了尽量控制价格，厨师的技艺也有所提高。

而且，自这款日式蛋卷开始，以往能用平底锅制作的料理都刻意地开始使用铁板来制作，使产品种类更加丰富。

在您对店铺进行西餐风格的改装时，也可以考虑尝试引进这样一块铁板（90cm）。

“牛排屋”（岩手县盛冈市）

“餐饮店的宣传单没任何效果”纯属谎言。没效果只是因为宣传单没做好而已。

“地产地销”法则切实有效的最佳案例（1580 日元）

▶参考成本……450 日元　▶成本比例……28%　▶日均出品数……30 个

将“使一块普通的肉好吃十倍的食用方法”以较为幽默的方式表达

仅仅 2000 张宣传单即成为了营业额提高 30% 的契机

“就当被骗了也好，请来尝试一次，结果绝对不会令您失望。”这句话相当于商家对不满意即可退货退款的保证。这一保证越郑重，客人越会认为这是“好东西”

肉类料理还是盛放在铁板上端给客人效果更好。五感要素效果会得以强化

推荐三种食用方法，每种都是特殊甄选的食材，确实非常美味

写上创建年份、历史、创业者等，强调这是一家“信誉良好的店铺”

五感 POINT

味

店铺使用的牛肉不是特别高档的肉，因此就要靠味道和企划宣传来竞争。店铺准备了三种味道供客人品尝。店铺推荐给客人的首先是配天然盐吃，其次是配芥末和生抽吃，最后可用德岛产的柚子制作的橙醋搭配着食用。每种吃法都口感清爽，味道鲜美，得到了客人的极大好评。

嗅

该料理要将蔬菜和牛排一起放在铁板上呈上，因此烤肉的香味非常浓郁，弥漫在店内。

肉类料理的餐饮店果然还是这种『香味』最为重要。

视

将面前放置的三种佐料加入牛排中是重点。能够演绎出华丽的感觉。

另外还有一点不要忘了，那就是『肉的厚度』。肉片太薄的话不论是口感还是外观都会显得略逊一筹，因此要提起注意。

听

这款牛排也有铁板料理的效果，一听到『吱吱』的烧烤声音，客人就会产生强烈的食欲。

触

『趁热吃』是牛排和汉堡这类料理的重要要素。

口感也非常重要。该款牛排较厚的厚度在这里也发挥了一定效果。

USP・SURPRISE

或许你会说“将牛排盛放在铁板上端出能使客人更满意。这个道理谁都懂，但实际服务和操作时却很困难。洗碗区的效率会降低。”

看出五感检验的要点之高了吧？

使用铁板和石锅制作料理能提升顾客满意度的理由想必你也知道。

是的。因为这种方式能够“诉诸于五感”。

人类有靠感觉来接受和把握所有事物的习性，而不是仅仅依靠语言和文字。

而且，能品尝和享受三种不同的美味符合近来顾客在心理上“自由选择”的倾向。该款商品能够热销的理由还有两点。

第一点是这个海报广告的设计和语句。特别是“就当被骗了也好，请来尝试一次，结果绝对不会令您失望”这部分文字，可以认为是店家对菜品质量的绝对保证，因此客人们也会相应地认为该款菜品品质优异。

还有一点就是，原本盛冈市的烤肉店很多，甚至还有烤肉一条街。因此我根据一贯使用的“地产地销”法则（合理规划当地产物、特产就能热销），考虑仍选择肉类料理（因为给这家人均价格 1100 日元的店铺的这款料理定价 1580 日元，所以是必须要拿出勇气的）。

这三点原因相互作用，相辅相成，才实现了营业额提高 30% 的成果。

问题来了！

『在韩国，有种汤可以作为下酒菜』是真是假？

为了寻求答案就毅然去了韩国。在那里我发现……

"滋滋"（岩手县远野市）

釜山风茶碗蒸 450 日元

▶成本……120 日元 ▶成本比例……27% ▶日均出品数……6 个

* 做法 *

①首先，制作鸡蛋液
在碗中加入汤和鸡蛋并搅匀，并用滤网过滤一次

②在石锅（韩国土锅）中加入适量鸡蛋液、虾、乌贼、扇贝、调味用的虾酱。最后加入糖水栗子（酌情加入适量盐）

③盖好盖子直火加热约 5 分钟，先大火烧开后转中火

④开盖后即完成，撒上葱花、炒芝麻、辣椒面等，趁着还"咕嘟咕嘟"沸腾时尽快端给客人享用

* 材料 *

鸡蛋液
鸡蛋…………………………………… 8 个
汤（牛骨汤）……………………… 1000ml
茶碗蒸
鸡蛋液……………………………… 220ml
虾仁………………………………… 20g
乌贼………………………………… 20g
扇贝………………………………… 20g
虾酱………………………………… 5g
栗子（糖水煮）…………………… 1 个
辣椒面（中等粗细）……………… 1g
葱花………………………………… 5g
炒芝麻……………………………… 0.5g

五感 POINT

触

因为温度非常高，所以必须提醒客人『请注意以免烫伤』。松软如薄雪般的鸡蛋羹下面是通透清澈的美味汤汁……

听

该商品最大的卖点就是端上来时『咕嘟咕嘟』的声音。即使是便宜的食材也能因为这个声音而热卖。这种『嘶嘶作响的感觉』非常棒。如果没有这个声音，肯定不会卖得这么好。

视

因为是用石锅盛装，趁热端给客人，放在客人桌上时该料理仍呈现出『咕嘟咕嘟』翻滚的状态。必须要趁着料理还汤汁沸腾、热气滚滚时提供给客人。

嗅

鱼类、贝类和牛骨独特的甘甜香味是绝妙的搭配。最后放入的炒芝麻的味道与菜品相得益彰。

味

在韩国，用鱼类和贝类做的高汤和牛骨汤这一组合非常常见。味道醇厚的浓汤、鱼类贝类的美味以及盐味三者相互作用，创造出复杂且美味的味道。汤汁能带来仿若在喝美味拉面汤的口感。

USP・SURPRISE

听说“在韩国，有种汤也可作为下酒菜”。这种汤“绝顶美味”，因此我想将这款汤也加入到国内韩式居酒屋的菜单中，而飞赴韩国考察。

结果我发现，确实有这种汤。这种汤名叫“韩式蒸鸡蛋羹”，点了这款料理后发现，它就是用“石锅”这种韩式土锅制作的鸡蛋烧。

因为是将锅直接放在火上加热进行制作的，所以“在鸡蛋烧还咕嘟咕嘟翻着热浪时端上桌”是其卖点之一。

这款鸡蛋烧在视觉和听觉以及触觉（温度）方面有突出特性。用石锅制作的鸡蛋烧在日本很少见，因此能给客人带来新鲜感。

“原来这款料理不是汤，而是鸡蛋烧。因此也能当小菜吃。”我这样理解并打算返回日本。但是，最后，当我在机场的快餐店又点了这道菜时，所有的问题都解决了。

在机场吃这道料理时，我发现这回的鸡蛋烧更近似于汤。石锅的上半部分是鸡蛋羹，但下半部分却是美味可口的汤……

结果，最终我得出了这道料理是“茶碗蒸”的结论。

之后我回到了日本，在各地推荐宣传这款商品，使之快速流行了起来。目前，有的店甚至已经将之作为主打菜品了。

宴会菜品中『令人惊喜』料理 No.1，鲷鱼盐釜烧。

『包含全部五感』盐釜烧这种料理制作方法非常简单，还可事先做好存放，因此是一款值得掌握的菜品。

"CaTtiNa 意大利餐厅"（鸟取县仓吉市）

鲷鱼盐釜烧

3500 日元

▶参考成本……1200 日元 ▶成本比例……34% ▶宴会料理 No.1

要想使气氛高涨，这款料理是最佳选择

* 做法 *

①去除鲷鱼的鳞片和内脏
②在鱼腹中放入百里香
③加入盐、蛋清、淀粉并搅拌均匀
④将②的鲷鱼包裹上③，使鱼身均匀沾满
⑤摆出鱼鳃、鱼尾、鱼鳞的形状
⑥烤炉预热 200° C，烤制约 30 分钟（用竹签轻刺鱼身判断烤制程度）
⑦将⑥从烤炉中取出，在周围装饰上欧芹和细竹叶等
⑧在上菜时添加柠檬（橙醋也可）

* 材料 *

鲷鱼（切好的鱼块也可）……………………1kg
百里香……………………………………10g
盐（精盐）……………………………… 700g
蛋清……………………………………1.5 个份
淀粉……………………………………20g
欧芹（细竹叶）………………………… 适量
柠檬…………………………………… 1 个
橄榄油（餐桌上用）…………………… 适量

五感 POINT

触

盐釜烧不仅是一种表演，还能使鲷鱼的肉质吃起来软嫩多汁。

一般吃惯了盐烧口味的客人，一定会对这种鱼肉的口感感到惊讶的。

听

在打碎盐釜时，一定会与客人们展开对话。而且一打碎外壳，就会发出『嘭』的声音。

实际上发出的声音是『砰』，但居酒屋的话，为了搞笑，也可以在叩击的同时嘴上说『嘭、嘭』。

视

这是最大的 USP。

该料理能够演绎出在盐堆中挖掘、寻找隐秘财宝般的乐趣。而且这款料理是使用木槌敲碎盐釜外壳。这一『仪式感』是最大的要点。

嗅

敲碎盐釜的外壳时，鲷鱼鱼腹中加入的香草以及经过盐烧后发出清香的『海的味道』就从中散发了出来。

味

与西式烤箱不同，这种方法能获得鲜嫩多汁的口感。

调味基本上仅以简单的盐和柠檬汁进行调节是基本原则。

USP・SURPRISE

这款“鲷鱼盐釜烧”最大的卖点无非就是“打碎盐釜”的这一演出效果。

诚然，用盐釜烧制鱼肉还有其他诸如“鲜嫩多汁”“去腥除味”等各种效果和好处，但这些好处都比不过用木槌敲碎盐釜这一“仪式”的演出效果。

该料理发祥于长崎市，因为是在庆典和节日时使用的料理手法，所以一定要有“可喜可贺”（日语中鲷鱼的发音与之相近）之意。

在实际经营中，餐馆有时会使用 3 公斤的大鲷鱼整个进行盐烧，有时也会作为宴会的高潮环节烧制小一些的鲷鱼。

根据场合和情况的不同，有时也会使用其他鱼种或切好的鱼块。

总之重点是这个“打碎盐釜”的仪式。因为这是最大的要点，所以“光是将鱼包裹在盐釜中烧好后端给客人就行”的想法会使该料理的效果减半，甚至可以说这样一来这一料理手法就毫无意义了。请务必将之看作是为了创造与客人之间“交流”（对话）契机的重要一环。这样就一定能取得成功。

敲碎盐釜后的食用方法有以下几种：

① 直接让客人们自由夹取食用。

② 由服务人员将鱼骨剔除后分给每位客人食用。

③ 先端回厨房，制作成“鲷鱼挂面”“香辣鲷鱼意面”“鲷鱼炒饭”等其他料理后再呈上。

"梦之咖喱"（千叶县美浜区）

虾＋虾＋虾咖喱的正确读法是？

菜品名称本身即宣传语的典型案例

略带恶作剧意味的方式也是成为畅销店铺的途径之一

故意起一个奇怪的名字，让客人好奇"为什么这么起名？"

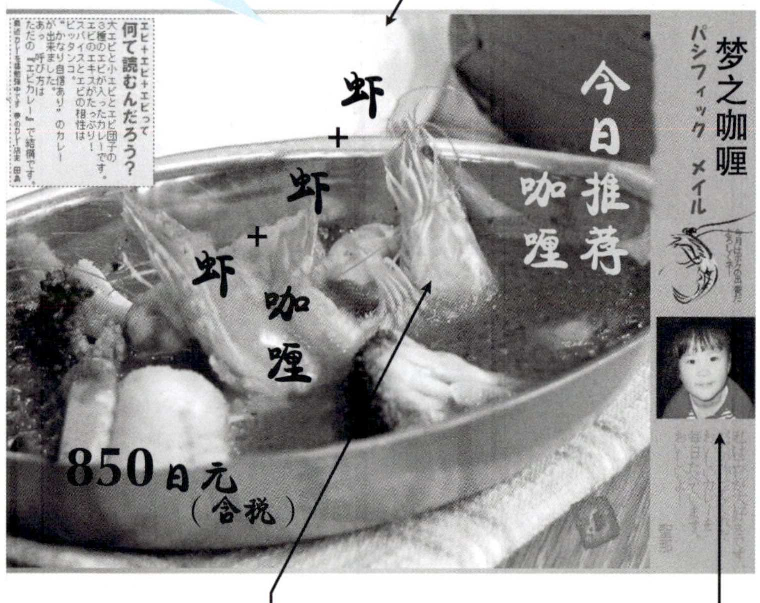

为了让卖相更漂亮，店家特意使用了食用时比较麻烦的"带头虾"

登载孩子的照片在传递"可携带儿童用餐"的信息时非常有效。最重要的是能够提高制作者（爸爸）的工作热情

五感 POINT

味

这款咖喱加入了三种虾肉，有「带头的虾」「虾仁」「自制虾丸」。特别是虾丸甘甜的风味是该款咖喱美味的秘诀。我认为，日本人是从心底里喜欢吃虾的。

嗅

正因为是咖喱店，因此自然会散发出一股咖喱粉的香味。咖喱店如果没有散发出咖喱香味，或许就不会生意兴隆。

视

因为加入了丰富的三种虾肉，所以在卖相上也非常漂亮。在宣传照片上，特意将虾直立摆放是个小窍门。如果虾无法直立，可以用道具进行支撑使其直立。

听

该商品在此方面没有特别关注。

触

这么说或许令人感到意外，但咖喱也非常重视温度。大家在「CoCo 一番屋」吃到的咖喱都是热乎乎的对吧。我认为这就是其咖喱如此美味的秘密所在。在温温的咖喱较多的咖喱店中，热乎乎的咖喱才能从中脱颖而出！

USP・SURPRISE

日本人果然还是喜欢吃虾。

而且人终究也是一种喜欢解开疑问的生物。

利用人类的这一共通特性来引起客人兴趣的技巧从古至今已被无数次使用。

这个海报广告“虾・虾・虾咖喱”3 次使用了虾这个词，能让人产生“到底应该怎么念？”的疑问。

产生了疑问就想要去解开谜题。这样一来，就会认真地阅读海报广告→产生亲近感→想要去点这道菜。

通过这一过程使该款菜品点单数增加。

事实上，阅读了该海报广告的客人大部分都点了“虾・虾・虾咖喱”。这种经历你也曾有过吧？

另外，这个海报广告上还登载了小女孩的照片和评论。这有使家有年龄相仿孩子的父母产生共鸣的效果。

因此，这一方式也能使客人对店铺产生亲近感，不自觉地就萌发了“那就去尝尝看吧”的想法和行动。

前　言

如果店铺自己就能够轻松制作出高质量的菜品和海报广告，那么，营业额的提升将会变得非常轻松。

想必有很多餐饮店经营者都这样想。实际上，敢说自己“能赚到钱”的餐饮店少之又少。

餐饮店的经营为何如此艰难？

我从学生时代起就进入这一行业，我自身也有经营餐馆的实际经历。之后，我又在被誉为外资咨询公司 No.1 的 OGM 咨询公司工作了 5 年，其后独立创业，至今又已 3 年，见识过各种各样的餐饮店。

其中，有生意火爆得不得了的店铺，而相反，也有无论怎样都火不起来的店铺，因此，我对使餐饮店生意兴隆的困难程度有着切身的理解和感受。

那么，赚钱的店铺和不赚钱的店铺之间，到底有什么不同呢？

下面我就来为您解答。

赚钱的店铺，其菜品可以说有一个共通之处，那就是“有能诉诸五感的主打商品”。

所谓五感，正如大家所知，即通过视（眼睛）、听（耳朵）、嗅（鼻子）、味（口=舌）、触（皮肤）所感受到的五种感觉。

当然，此刻我就这样直接跟大家说“能诉诸于五感的菜品”，大家一定很难马上理解。

但是，我想让大家明白的是，“能诉诸于五感的菜品”和不能做到这一点的菜品，即使两者之间的味道无甚差别，但在下单数=营业额上也会出现巨大的差别。

这就像按摩身体穴位能让人感到很舒服一样，“能诉诸于五感的菜品”拥有能刺激客人情感穴位的力量。

在这里，我想问一问各位餐饮店的店长和经营者。

●店铺只要菜品好吃就能生意兴隆吗？

●服务到位就能生意兴隆吗？

●店铺干净美观就能生意兴隆吗？

●价低量大就能生意兴隆吗？

●店铺地点好就能生意兴隆吗？

对于这些问题，你是否能够毫不犹豫地回答“是”呢？

如果对所有上述问题都能回答“是”的人，就不必再看这本书了。因为读了也是白费功夫。

但是，回答“不是”的人，或者虽然回答“是”，但却对此有所犹豫的人，还请务必要读完本书。

曾经的餐饮店黄金法则“Q（quality）、S（service）、C（cleanliness）”，现如今不管其标准有多高也无法如此简单地获得盈利了。

即使“店铺宽敞整洁，菜品还算好吃，店员遵照员工守则提供服务，停车场也很大，店铺位置显眼”，如今的客人也不会认为这家店“非去不可”。现在就是这样的时代。

正因如此，我们必须找出能够替代“Q·S·C”的餐饮店新“黄金法则”。

接下来我将要在本书中介绍的，就是从来没有人提过的观点和内容。

至少这些观点我从来没听说过。

如果购买并阅读了本书后，觉得“你这么一说，好像还真是这么回事儿”“啊，我一直或多或少有点这种想法，这回终于找到理论依据了”，那么还请务必尽快付诸实践。

既然这一原理已经这样公之于众，那么意识到这一原理的人就应该立刻付诸实践。

实际上，利用本书中写到的原理和方法，群马县餐饮店“玛丽莎”的营业额提高了95%，而和幸株式会社的“麻暖簾”营业额提高了140%，盛冈市的“CEZANNE”月营业额也从780万日元提高至约1200万日元，并且还在继续提升。这些案例也都在本书中做了介绍。

另外，作为一名讲师，在我执教的服部学园和东京MODE学园、产能大学中，也有很多我指导的学生接连开店并取得了成功。

大家也都知道越早行动效果越好的道理。

那么，就请大家尽早按照书中所写的内容，展开实践吧。

最后，要向在本书执笔过程中，不断鼓励我的“读书推荐”的清水店长、在市场营销方面对我进行指导的市场营销负责人小阪裕司先生、对我生涩的文章加以整理加工直到出版的菊池学先生、日本实业出版社编辑部的各位编辑、综合制作的elies · bookconsulting的土井英司先生致以衷心的感谢。

松本和彦

第 1 章

快速提高营业额的“五感菜品”制作方法

能看出“真正好店”的新宿三丁目现象

前几天，我和朋友一起去新宿三丁目，结果发现了一件令人惊讶的事情。

“居然有如此极端相反的情况！”

一家店铺生意红火、门庭若市，店外有很多客人在排队等位；与之相对，另一家店铺却门可罗雀、客流稀少。

要说为什么我会感到如此震惊，是因为那家生意冷清的店铺远比生意好的店铺更时尚、美观，店铺的氛围也更好。

而说到那家客人在店外排队等位的店铺，则完全没有那种重金打造的外观和装潢，乍一看就是那种“资金不太宽裕，所以简单装修了一下就开门迎客”的店铺。于是我就想：

“或许，那家氛围和环境很好的店铺消费较高，所以才没有什么客人吧。”

但是，看了看那家店铺招牌上写的菜品，消费价格也并没有多高。如果要比较的话，反而是那家在店铺装潢上看起来没花什么钱，而客流量较多的店铺，平均价格较高。

“周六逛街的人这么多，可为什么那家时尚精美的店铺里却空荡荡的呢？”

在我和朋友谈论这件事的时候，我们决定找一家餐厅就餐，于是开始寻找合适的店铺。

于是乎，我们发现，自己想去的店铺果然全都是客人较多的那些店。

之前的那家时尚美观的店铺确实装潢精美，但实际行动时却不会让人想去光顾。因此，我“啊”了一声，忽然意识到了问题所在。

“大家不想去这家店的理由也和我们一样吧。”

这个理由很明确。

“那家店没有让我们跃跃欲试。”也就是没有给人“期待感”。

那家店似乎不会慎重对待我们这些顾客。

虽没有根据，但总觉得是这么回事儿。

再说明白点，就是那家店甚至让人产生了“去了可能会失望的预感”。

你觉得这是为什么呢？

为什么仅凭店铺外观和氛围，大多数人就会意识到这些呢？

这是因为店主和员工们的心思都会全部传达给顾客。

“真的吗？骗人的吧？”

大家会这么想也无可厚非。

但是，正如人的“想法”会体现在表情上一样，店主和店员的“想法”也会全部展现在店铺的门面和外观上。

特别是在新宿三丁目这样的地段，小资且较有品位的年轻人居多，因此这一想法更是会被立即察觉。

因此，无论是花了很多钱进行内外部装修，还是将就着简单装修一下，抑或是员工比较时尚、爱打扮，店主或店长如果没有“一定要让顾客跃跃欲试”“通过工作，让我们自己也兴奋起来”这样的想法，就会立即被顾客察觉到。而其结果就会导致该店被顾客认定为“这家店看起来好像没什么意思”。

不愧是新宿三丁目。真是一个聚集了能够看穿店铺真正优点的人群的街区。

想到十年前，这里还是艺人出没的隐秘酒吧或公司职员把酒言欢的居酒屋的杂乱无章的街道，而现如今，却发展成了连“点一碗白米饭”都能得到很好服务的街区。

以上内容可总结如下：

1. 无论在内外部装修方面花了多少钱都没有用
2. 无论有多少时尚、爱打扮的员工也没有用
3. 无论价格多实惠、味道多好吃都没有用

人的潜意识能够仅凭“总觉得”这个词语，就看透一家店铺的本质。而且人们绝不会去光顾一家无法让自己感觉到跃跃欲试的兴奋感的店铺。相反，即使店铺硬件方面稍微有些薄弱，但在经营中表现出

由衷地想要让顾客感到高兴和满意

这就是我们想要做的事业

的店铺，则一定会生意兴隆。

我将之称为“新宿三丁目现象”。

“真正的好店”会生意兴隆，而徒有外表、外强中干的店铺则无论投入多少资金，无论占据多好的地段，都绝不会被顾客认可，这一点显而易见。

而且，或许你会觉得不可思议，实际上“新宿三丁目现象”在制订店铺菜品时也很适用。

过去的黄金法则已经不再适用！

“只要饭菜好吃就一定能赚钱！”

这种想法直到如今依然很有市场。或许正在阅读本书的读者朋友们之中，也有人持这种想法。

但是，恕我直言，“商品美味就能赚钱”的想法已经过时。过去确实是只要

Q 美味（quality）

S 服务（service）

C 清洁（cleanliness）

这三要素的标准够高，就能够打造出生意兴隆的店铺。

“Q·S·C”就是打造生意兴隆店铺的黄金法则。

然而现如今，仅仅靠高标准的“Q·S·C”是无法吸引顾客来店光顾的。

这是为什么呢？我想先请大家回答我以下几个问题：

1. 开店之初和现如今，哪个时期菜品更好吃？

2. 开店之初和现如今，哪个时期的服务质量更高且没有瑕疵呢？

3. 开店之初，大量顾客光顾这家从未踏足过的店铺，是因为什么呢？

只要你回答出这几个问题，就能够清楚我为什么说“Q·S·C”黄金法则已经过时。

答案就是提高“Q·S·C”本身并不能成为店铺生意兴隆的原因。

开店之初，店铺肯定对各项菜品的处理作业尚未习惯，因此在菜品的口味上或许会出现很多瑕疵和失败。在服务上也仅仅是刚刚背熟了各种待客用语，远远达不到可称为“服务”的水准。更不用说顾客一次都没有尝过这家店的菜品，自然对菜品是否好吃无从知晓，而顾客会到这样一家店用餐，无论如何也不会是“因为菜品好吃所以来店光顾”这一理由。也就是说，“Q·S·C”的提高和营业额没有必然关系。

进一步讲，为了保住店铺自身的竞争优势，在现实中，

“Q・S・C”标准同样很高的竞争对手店铺也在不断增加。这一现实也导致餐饮店无法实现一枝独秀。

因此，即使菜品和服务的标准在逐渐提高，营业额也可能会停滞甚至下降。

也就是说，店铺的客源在减少。

你是否也将顾客减少的理由简单地归咎于“店铺地段差”呢？

这样做是十分危险的。认为自己的店铺菜品好吃，所以终有一天客人们一定会蜂拥而至的。你是否也在异想天开地说着这种话呢？是时候清醒过来了。

我从以前还在做专业餐单咨询师时，就被客户严格要求要做到店铺“菜品好吃”。我也总能达到客户的要求。然而，“不管有多少种美味佳肴，也无法直接靠这一点来盈利。”

这就是我得出的结论。

这是至今已打造出无数公认的“美味佳肴”的我由衷的心里话。请大家相信我，这句话绝不会错。

从物的时代到心的时代

一说到以往的黄金法则“Q・S・C”已经不再适用，相信有很多人就会想反问一句：“那么为什么这一法则以往都很好用，并沿用至今呢？”

针对这一问题，其理由有如下两点。

首先就是因为当时“Q·S·C”法则尚未得到推广和扩散，因此使用这一法则的店铺就能够在其他竞争对手面前占据“竞争优势”。

其次还有一点就是，顾客和店铺之间的供给需求极不平衡。

再详细点说就是，在当时的时代，餐饮店经营已开始被定义为“外食产业”，其经营终于被认为是一种正当工作而得到了社会的认可。

是的。那是一个“Royal Host”①和“Skylark”②“Denny's”③这些连锁餐馆能令全社会感到惊奇和震撼的时代。

当时一家餐饮店的营业额每月达到2000万日元是极其正常的事情。因为在那个时代，不论是店铺还是菜品，都是“只要开店、只要做出菜肴就能热销”。这么说或许有些极端，但在郊外，可以说几乎没有什么像样的餐馆。

就算想要去稍微好一点的餐馆，也全都是一些站前的小店。在当时那种全家人几乎无法一起外出用餐的情况下，忽然出现了这种有大型停车场，装修时尚美观的店铺，并且这家店铺的营业人员都笑容满面地接待客人，那么这种餐厅就正是消费者翘首以盼的。这样的店铺开张，其结果一定是生

① 译者注：乐雅乐家庭餐厅（Royal Host）是一家日本连锁餐厅，1951年由江头匡一（2005年4月逝世，享年82岁）创办，在日本国内有350家门店。

② 译者注：日本最大连锁快餐店——云雀（Skylark）。

③ 译者注：美国最大的家庭餐厅品牌，拥有六十年的历史，分店遍布美国。

意火爆。

特别是，那还是一个“只要做出来就能热卖的”供不应求的时代。

然而，这样的情况不会长期持续。因为同行业的其他餐厅开始不断地效仿，其重点就是“Q·S·C”。

具体就是:“将菜品单一化，做得更好吃，按照规范进行接待服务。店铺宽敞整洁，停车场可停放50辆汽车。只要满足了以上这些条件，就能赚钱。”

因为当时能够做到这些的店铺很少，所以比起其他店铺，能做到这些要点的店铺对顾客来说就具有了“竞争优势”，就能够生意兴隆。

而且，要想让店铺生意兴隆，最简单、最直截了当的方法就是提高“Q·S·C”的水平。

以上阐述的就是距今20年前的餐饮店“赚钱方法”。但是，现如今已经今非昔比了。

讲究“Q·S·C”的时代是一个只要心无旁骛、脚踏实地做菜就能够赚钱的“物”的时代。如果将那个时代看作是一个能够自然产生“竞争优势”的时代，那么现如今的时代就是一个必须要思考“如何吸引潜在顾客来店光顾，并且如何争取让曾来店光顾过的顾客成为常客，甚至忠诚顾客”的“心”的时代。

你能说出“美味料理”的定义吗？

最近，我东京都内到处品尝餐饮店的机会不断增加。我总觉得，现在东京的餐饮店都越来越有趣。

以前，比起东京，一些地方餐饮店更值得学习。一听说哪家店铺“有趣”“营业额居高”，即使是地处偏僻，我也会“无论如何都要尽快去看一看”。

我认为这一点也是能够体现时代变化的重要信号之一。

说到这儿，你能说出“美味料理”的定义吗？

实际上，针对这一问题我查阅了辞典和百科事典，做了很多调查，却发现哪个资料中都没有写出“美味”的本质。

以往我们一直说“那个真美味”“这个好吃”，实际上在这么说的时候，却并没有抓住“美味”的本质。

因此我自己尝试着对“美味”进行了定义。

> “美味之物”
>
> 所谓美味之物，是指一种类似于过去品尝过的食物中的那种令人熟悉的味道且伴随着正面的情感的味道，而约 20% 的创新部分（味道 · 外形 · 氛围）是能为之更为加分的食物。

这就是我思考得出的“美味之物”的定义。

再补充一点就是，所谓“正面的情感”，是指“愉快”或“兴奋雀跃”。

另外，所谓“20% 的创新部分”，是指比如用香料和佐料等增加菜品少许的刺激或在食器的选择上比较新颖，或是用餐场所的环境和氛围有身临其境之感等。

下面以食用牛肉饼为例，进行具体说明。

抱有儿时妈妈给做牛肉饼时感到的快乐以及雀跃感情的顾客，一旦吃到与妈妈做的牛肉饼相似的味道时，就会感到“美味”。

而且，亲眼看到厨师绞制牛肉馅，亲耳听到肉馅撞击菜板的“乓乓乓”的声音，看到厨师用两手像传接球一样反复拍出肉饼的形状，并马上在铁板上，使肉饼发出“吱吱——”的响声进行煎烤，最后出锅前在肉饼上浇白兰地酒，点燃后端到桌子上。

在铁板上煎烤出来的牛肉饼混杂着和牛脂肪煎烤后散发的香味和现磨出来的黑胡椒的刺激，以及甘甜清爽的白兰地的芳香。肉饼中的肉汁几乎满溢，使肉饼膨胀起来，用刀子一扎，肉汁就会汩汩流出。这时将肉汁直接在铁板上加入酱汁一起小火煎煮，做出速食肉酱汁。

这种“美味”感会带给食客什么样的回忆呢？

相反，如果客人过去对牛肉饼抱有负面感情的时候，又会怎样呢？

比如，过去在吃牛肉饼时，“吃坏了肚子”或“总是心情不好”，这样的话，之后再吃牛肉饼都不会感到美味吧。

人就是这样判断“美味之物”和“非美味之物”的。

潜意识就像是记忆的储藏库，将过去的记忆全部存入其中。

在这一过程中，人自身会制订符合自己的“标准”。

并且在吃东西的时候，将这一“标准”搬出来，衡量“这个味道是否是我熟悉的味道”“这个味道会激起我正面的感情还是负面的感情”。

然后，在确定该味道中是否有创新部分的基础上，判断其是否美味。

以上内容可总结如下。

所谓“美味之物”，是指

1. 有着令人熟悉的味道
2. 过去品尝时对这一味道抱有正面的情感
3. 包含创新的部分（约 20%）

在此需要注意的一点是，“创新的部分约为 20%”。

人类有一定的追求“新鲜感”的本能（如果没有了新鲜感，就会感到“厌烦”）。

但是，如果过多地创新，就会变得连自身的“标准”都无法符合（因为没有过往经验，所以无法建立“标准”）。

因此，创新度在某种程度上必须要保持在自己能力范围之内，也就是大约占整体的 20% 左右。

这就是我经过多年研究得出的“美味之物”的本质，实际上其中隐藏着对利用五感创建的菜品，也就是畅销菜品的暗示。

制作“美味之物”的方法

关于“美味之物”的定义，想必大家已经多少有所理解。

接下来，笔者将围绕我所理解的“制作美味之物的方法”，通过实例对具体应该以什么标准、如何进行推进和展开来进行说明。

首先要说明的，即关于“有着令人熟悉的味道”。如上所述，在“过去曾品尝过的食物”中，一定会有这种味道。因此，这一作为基础的味道一般都是我们经常能吃到的食物。

比如，寿司和乌冬、披萨等，我特别关注的是“过去曾一度掀起热潮的商品”。

不过，关于这一作为基础的味道，一定不要忘记使这种令人感到熟悉的部分完全符合顾客的“标准”。

也就是说，一定要打造出完成度高的菜品。

在此基础上，再加上“20% 的创新部分”就行了。

所谓“创新部分”，味道和外形自不必说，还包括了提供方式和服务等方面。

比如，过去有回转寿司和乌冬面、披萨外卖等菜品提供方式。

总之要加入 20% 的创新以使客人感到出乎意料，这一点尤为重要。

下面我们就按顺序依次进行说明。将打造美味之物的方法言简意赅地加以总结，即

打造美味之物的方法 = 有令人熟悉的味道的商品 + 令人惊讶的 20% 的刺激

迅速提高营业额的五感菜品

在“美味之物”的本质中，隐藏着能够诉诸五感的 20% 的创新部分。

也就是说，如果能够有意识地打造出让顾客感到“美味”的、“诉诸五感”的菜品，那就不用太过烦恼，这款菜品一定能够很快成为“畅销菜品”的。

在此，我想要向大家介绍一款能令营业额快速提高的“美味之物”的具体事例，也就是“能诉诸五感的菜品”。

不过，这一事例就好像突击作业一般，并不能让营业额永久持续性地增长。

话虽如此，但只要按此进行实践，点单数就一定会提升，这一点我已经用实践进行了证明。

在实践中，如果您看到了提高营业额的曙光，就请务必按

照本书中介绍的其他技巧，进行进一步的实践和尝试吧。

下面，就向大家介绍能迅速提高营业额的“五感菜品”！

用一句话说就是“把盘子变为铁板。”

餐饮店店长、经营者们：

如果你以前是把牛肉饼盛在盘子里提供给顾客，那么请换成铁板端给顾客试试看。

当然，在菜单等上面，也必须将“铁板牛肉饼”这一菜品传达给顾客，而在食材和口味方面，说得极端一点，没有必要改变。

但是，在盛在盘子里端给顾客和用铁板端给顾客，这两者之间，在销售方式上存在较大差异。用铁板提供给顾客这一方式绝对会使菜品热卖。之所以这么说，是因为在盘子和铁板这两者，对“顾客五感上给予的刺激完全不同”。

关于用铁板提供菜品这一方式，或许不能称之为创新。但是，牛肉饼在铁板上发出的“吱吱”的烧烤声，以及肉香味却绝对是新的体验。而用盘子端出来就无法让顾客体验到这些乐趣。

这里体现了刺激五感的菜品的基本原则。

以往，只有口味才是“美味之物”的判断基准。然而，仅凭如此，已经无法给顾客足够的吸引力。

于是，下一个阶段就要开始追求外观（视觉）。

事实上，外形（摆盘等）较美观的菜品往往卖得更好。

然而，即便口味和外形已经完备，也会很快无法激起顾客的好奇心。结果就会令客人厌倦。

那么，接下来应该考虑哪些呢？这回就轮到声音（听觉）和气味（嗅觉）了。所以，很多菜品名称就开始搭配咯吱咯吱、咔嚓咔嚓等拟声词来进行销售了。

像这样，很多切实按照味觉、听觉、触觉等方面标准制作的菜品就出现了。

特别是“声音”“气味”和“动作”。这三点成为“五感菜品”的重要要素。之所以这么说，是因为这三种感觉以往并没有受到重视并融入菜品之中。

当然，不论哪种料理，多少都会有些气味。但是，我们的做法就是特意加入气味并予以强调。

“特意发出声音”“特意弄出气味”“特意做出动作”。

如果说“特意为之”这一点正是菜品热销与否的关键也不为过。

我有一些经常尝试的方法，比如：加入咖喱粉。因为这样做能够产生咖喱粉烧烤的焦香味。另外，酱油烧烤后发出的气味也是一个很好的尝试。

同样作为给食物增添香气的手段，即在最后加入芝麻油，这一方法也很有效。如果最后加入这种“本就能激起食客食欲的气味”，则菜品一定会热销。

如果加入了这种“本就能激起食客食欲的气味”的菜品能够热卖，那么在原本没有加入这种气味的菜品中“后加入”这一气味特征，这种做法就是“五感销售”的要点之一。

因此，要想打造出热销菜品，首先必须要逐一理解和确保视觉、听觉、触觉、味觉、嗅觉的“五感要素”。

不过，也没有必要非得将这五个要素全部齐备。

如果是原本已经具备其中三个要素的菜品，那么就尝试着在第四、第五个要素上下功夫即可。

即便是完全不具备任何一个“五感要素”的菜品，只要能够加入一两个要素的话，也多少能够使菜品变得更畅销。

这就是“20% 的创新部分”的基本思考方式。

最重要的是，如果客人厌倦了，就再进一步加入之前客人没有体验过的感觉。能否做到这一点，就是店铺能否成为“让顾客从心底里感到愉悦”“让我们自身也兴奋雀跃”这种“新宿三丁目现象”的生意兴隆店铺的关键。

五感菜品还有潜意识广告效果！

能够刺激五感的菜品就能热卖，这么说自有其理由。

因为在开发菜品时兼顾视觉、听觉、触觉、味觉、嗅觉这五感要素，能够给顾客带来惊喜和感动。

而且，“五感菜品”对尚未点过该菜品的客人来说，也会发挥出其中的潜意识效果。

之所以这么说，是因为之后加入的“五感要素”也能够传递给尚未点过的客人。

下面我就以在序章中向大家介绍过的“祇园祭沙拉”为例，进行说明。

我在设计“祇园祭沙拉”的方案时，在把鸡蛋丝和干炸面放在沙拉上面之后，最初觉得“我做出的菜品简直是独此一家”，而感到洋洋自得。

然而在实际试吃的时候发现，菜品的味道非常普通，缺乏冲击感。

于是，我从偶然出现在眼前的家猫“小 P”身上获得了灵感，尝试着加入了铃铛这一元素。

这样一来，菜品原本的主题就变为了伴着铃铛的响声缓步前行的“祇园祭中的巨大花车”，因此能够更加准确地传递出菜品的意象和概念。

而且，客人们的反应也如我的预期一般。

“那款沙拉为什么要加个铃铛啊？”就连没有点这道菜品的客人也会如此好奇地询问。

这是当然的，因为上菜时，在把这道菜品端到客人桌前的一路上，铃铛都会叮当作响，所以周围的客人都能听到这个声音。

于是，店员就会回答说“这是祇园祭的巨大花车”，而提问的客人就会说“哦，原来如此。原来这款沙拉是这样的啊”，有时也会加点这道菜品。

铃铛不仅对点单的客人，对周围的客人也产生了潜意识的效果。

下面，再向大家介绍几款通过刺激“五感要素”而热销的菜品。

比如:“芝士意式肉汁烩饭”。在这道菜品中，“五感菜品”的潜意识效果也发挥出了重要作用。

在石锅中制作芝士意式肉汁烩饭，能够演绎出声音和动作特征。这是这款菜品获得成功的最大理由。

说到石锅，这种方式在前些年很流行，因此估计很多人都知道。

但是，现如今几乎所有商家都认为“估计大家都已经厌倦了，吃腻了吧”，于是就放弃了这种料理方式。

然而实际上，虽然客人们对石锅这一器具本身已经厌倦，但却并没有厌倦用石锅制作菜品时的烹调“动作”。

对这一烹调“动作”的关注无论到了何时都会一直延续下去。因此，石锅“芝士意式肉汁烩饭”才会如此热销。

对石锅的活用还有助于厨师的烹调操作。

比如，韩式石锅拌饭等，只要事先用石锅盛装准备好，之后有客人点单时只需开火加热 5 分钟左右即可上菜。

石锅料理与铁板料理的不同之处在于，石锅可以加入汤汁。加入高汤或酱汁等的操作可以在端上桌之后在桌面上进行。

也就是说，把烹饪器具拿到客人用餐的餐位处，比如把事先准备好的器具拿到客人的桌上，然后由店员进行最后加工。这样一来，菜品能让客人感到惊喜，因此也能够提高定价。

另外，不仅是意式肉汁烩饭和韩式石锅拌饭，还可以使用其他以往没有使用过的食材，用石锅方式提供给客人，效果也很不错。

我以前还曾设计过一款“石锅芝士焗土豆”的菜品，也是一度大卖。

制作方法极其简单。将煮熟的土豆放在石锅中，再将石锅加热 5 分钟。

加热后，在土豆上放上芝士和培根、蛋黄酱即可上菜。

端上桌后，由店员当着客人的面用勺子将土豆破开，将所有食材搅拌在一起，像石锅拌饭一样拌好后让客人食用。

这样一来，现场演示的培根土豆泥的制作即宣告完成，光凭如此就能让客人享用起来更加美味。

土豆要事先煮熟后剥去皮，单独放在冰箱里保存好。在客人点单后，再重新加工制作。

趁热上菜，既能使食材在石锅中发出“吱吱”的“声音”，又能让客人闻到芝士被烤后的“香气”。因为是在客人面前搅拌好后供以食用，所以自然还能够演绎出“动作”这一元素。

另外，在石锅料理中，还有一种制作特别简单的菜品，就是茶泡饭[①]。

这款茶泡饭确实能够极大地提高营业额，因此我自己也经常运用这一方法，至今一次都没有让我失望过。

① 译者注：茶泡饭是指用热茶水来泡冷饭。通常以盐、梅干、海苔等为佐料，和饭一起泡。制作方便，取材简单。

▲石锅芝士焗土豆

将石锅加热，在其中放入米饭，在米饭上放上三文鱼片和梅干。然后，浇入茶水及白酱油，之后缓慢加热至烧开，汤汁开始“咕嘟咕嘟”沸腾后，这款类似杂烩粥的茶泡饭即宣告完成。

“石锅茶泡饭”在烤肉店也予以提供，而且销量不俗。厨师在制作的时候，只需对石锅进行加热即可。

采用石锅这种制作方法，“声音”和“动作”并存，且“香气”和“温度”兼备，因此深受顾客的喜爱。

虽然一度十分流行，但近来这类菜品变少了，所以从某种意义上讲，这反而是一个机会。请您务必一试。

一个石锅不到1000日元就能买到，而且就算准备5个，花费也才不到5000日元。这么少的投资应该很快就能收回成本。

就算是为了了解一下“五感菜品”的效果和好处，也一定要去试试。

五感菜品的构思方法 步骤1“idea map（扩散法）”

在构思刺激五感的热销菜品时，有一项技巧不可或缺。

大家都知道“idea map”这个概念吗？

这是一个在做讲义记录或写出自己的想法和点子时经常使用的便利的技巧。下面，就向大家介绍该技巧最基本的方法之一——“扩散法”。

首先，将笔记本横放，并在正中间写下主题。

接下来，从正中间的主题开始，像蜘蛛网一样画出若干支线，然后逐次连接到各种想法和点子上。

具体方法请参看下页图表。

这一方法的优点是能让你的想法和点子一个不落地全部体现出来，使整体情况一目了然。

比如，假设主题是意式料理的“夏日推荐菜品”。

那么，就在笔记本的正中间写上“夏日推荐菜品”，然后像蜘蛛网一样，从中心引申出若干条枝干。

每条枝干就是一个类别，在各枝干上写出意大利面、披萨、沙拉、甜点等各部分的名称。

接下来，在笔记的一角建立一个“食材库”。既然是夏日推荐菜品，那么就要将夏天的时令蔬菜、鱼贝类、肉类等写进这个食材库，事先备好货。

▲利用“idea map（扩散法）”打造“五感菜品”的方法▼

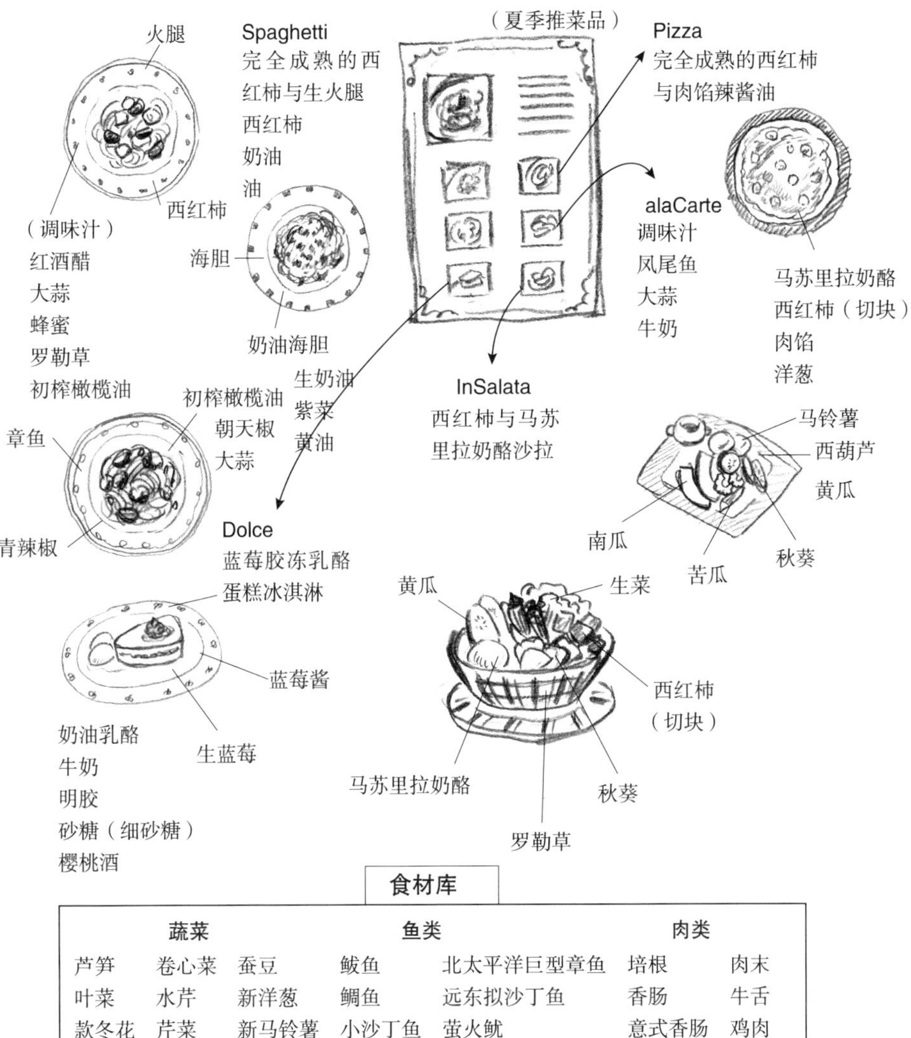

食材库

蔬菜			鱼类		肉类	
芦笋	卷心菜	蚕豆	鲅鱼	北太平洋巨型章鱼	培根	肉末
叶菜	水芹	新洋葱	鲷鱼	远东拟沙丁鱼	香肠	牛舌
款冬花	芹菜	新马铃薯	小沙丁鱼	萤火鱿	意式香肠	鸡肉
笔头菜	竹笋	楤木芽	竹荚鱼		猪肉	羔羊肉
青豌豆	豌豆	萝卜			牛肉	

▲画出菜品的插画，详细记录各种食材

然后，在各个枝干上分配相应食材，并在考虑烹饪方法的同时思考和构思菜品。

我就是这样将现有的想法加以重新组合搭配，构思出新的菜品的。

所谓“现有的想法”，即已经想到的东西的组合。就好比制作音乐时的音符一样。

下面，就让大家看看，我是如何使用“扩散法”，将现有菜品改进为“五感菜品”的。在此，我将以牛肉饼为例进行说明。

【第 1 阶段】

首先，在笔记的正中央画出牛肉饼的手绘图。

目前自家店铺经营贩售牛肉饼的人，请画出自家菜品的图样，如果没有经营牛肉饼，则请凭记忆画出自己想象中的牛肉饼。

没有必要画得特别好看，所以请在这一步骤尽量少花些时间。

【第 2 阶段】

从正中央画出的牛肉饼开始，引申出视觉、听觉、触觉、味觉、嗅觉这五感的枝干。

【第 3 阶段】

然后，请分别将对这款牛肉饼的口味和气味、外观、动作、声音、触感等的大致印象和感觉填写到各自的范畴和类别中，大致写一下即可。

这些与其说是在列举备选项，不如说给该菜品添加一些意象更为重要，如菜品是什么口味、散发出什么香味、有哪些操作动作、外观如何、有什么声音等。

常言道，“该凉着吃的东西就凉着吃，该趁热吃的东西就趁热吃”，也可以将类似于这种的话填写进去。

这样一来，使用“idea map”建立牛肉饼的意象就宣告完成了。仅通过三个步骤的工作，就使这款牛肉饼的重要要素全部凸显了出来。这是一款“什么样的牛肉饼、有哪些特征”一目了然。这就是“idea map”的优点。

【补充】

如果想对各种感觉加以补充，视觉中既包含菜品外观，还包括操作动作。另外，触觉中既包括口感，也包括温度。

像这样，如果想对各种感觉填写新的想法，就可以再次在各自的类别上引申出新的枝干。

说到视觉，可以从动作方面进行强化，如在客人面前切开牛肉饼的动作、加入酱汁的动作等。也可以从菜品外观方面进行强调，如将菜品堆放得犹如小山般高，等等。

另外，在听觉方面，有“吱吱”声或移动牛肉饼时发出的炙烫的声音，或是牛肉饼排出空气的“啪叽啪叽”的声音等。

触觉方面，即肉的弹性、口感等。如果进一步讲，菜品温

▲利用“idea map（扩散法）”打造“五感菜品”的方法▼

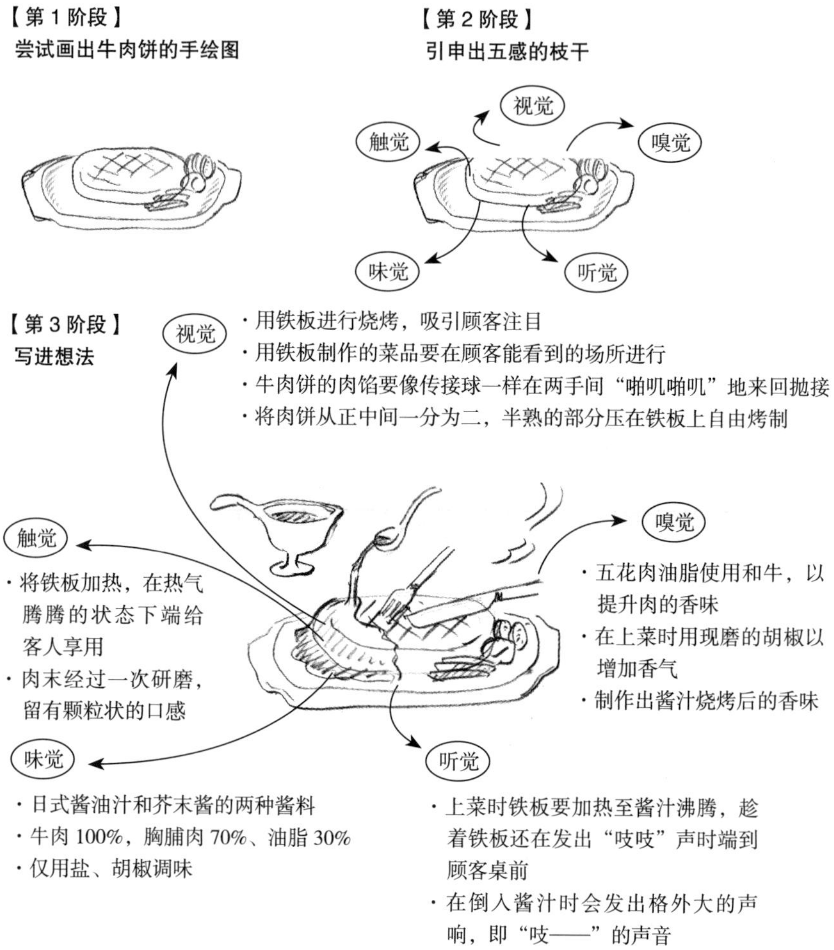

【第 1 阶段】
尝试画出牛肉饼的手绘图

【第 2 阶段】
引申出五感的枝干

视觉
触觉
嗅觉
味觉
听觉

【第 3 阶段】
写进想法

视觉
· 用铁板进行烧烤，吸引顾客注目
· 用铁板制作的菜品要在顾客能看到的场所进行
· 牛肉饼的肉馅要像传接球一样在两手间“啪叽啪叽”地来回抛接
· 将肉饼从正中间一分为二，半熟的部分压在铁板上自由烤制

触觉
· 将铁板加热，在热气腾腾的状态下端给客人享用
· 肉末经过一次研磨，留有颗粒状的口感

嗅觉
· 五花肉油脂使用和牛，以提升肉的香味
· 在上菜时用现磨的胡椒以增加香气
· 制作出酱汁烧烤后的香味

味觉
· 日式酱油汁和芥末酱的两种酱料
· 牛肉 100%，胸脯肉 70%、油脂 30%
· 仅用盐、胡椒调味

听觉
· 上菜时铁板要加热至酱汁沸腾，趁着铁板还在发出“吱吱”声时端到顾客桌前
· 在倒入酱汁时会发出格外大的声响，即“吱——”的声音

度要烫嘴等。这款牛肉饼销量火爆，除了牛肉自身美味可口之外，视觉和听觉、触觉对其畅销程度的影响也很大。

再者，味觉方面，可以突出甜、酸、辣等。

说到嗅觉，如上所述，可以充分强调清爽的气味或是咖喱粉的气味，或加入韩式辣酱烧烤后的焦香味道等。

最后，在写下的这些想法中挑选出几点，进行重整组合。

虽然一开始这种方式或许很费事，但习惯了之后，掌握了窍门，就会发现没有比这更方便有效的构思方法了。

事先依次将五感中经常使用的想法备选作为选项罗列、总结出来，就能在构思新菜品时多一些选择，这会对你的构思大有裨益。

五感菜品的构思方法 步骤 2“idea map(集中法)”

“扩散法”是在正中心写出主题，然后从这一主题出发，逐渐勾勒出与之相关的各种想法和点子，使主题与其中的某些点子相关联的构思方法。

而与此相对，还有一种从事先准备好的食材（子概念）中，逐渐使正中心的主题浮现出来的构思方法。

我将其称之为“idea map（集中法）”。

在创建和打造以往前所未见的事物或是创造作为核心的重要概念时，这一方法十分有效。

我在构思新菜品时，就会选择 idea map 中的“扩散法”或“集中法”加以使用。

特别是“idea map（集中法）”，在我想要打造“新事物”时，也就是“在一张白纸上勾画想法”时，特别有帮助。

下面，我就来向大家详细说明其使用方法。

【构思顺序】

1. 首先确定主题，在正中间预留出正方形的空白栏。

2. 然后，在周围的枝干处写入“要点”。所谓“要点”，是指顾客能够通过正中间的“东西”获得的价值（比如“感动”等）。

3. 大致的价格定位。

4. 这个“东西”到底是个什么外形。

5. 颜色是什么颜色。

6. 气味如何，味道如何，口感如何，声音如何。

按照以上顺序进行思考，并逐一写在纸上。

下面，我们就来思考一下，如何把这一终极 idea 构思方法“idea map（集中法）”恰到好处地运用到“五感菜品”上吧。

【第 1 阶段】

首先，在笔记的正中间，写出之后可能会创作出来的新商品的类别，如果是沙拉那就写上沙拉，如果是肉类料理就写上肉菜，然后再画上四方框。请将这个四方框想象成一张照片即可。

必须事先确定好想要制作哪种类别的菜品，比如要做沙拉，或是要做肉菜。

▲【第 1 阶段】正中间留出一块正方形的空白栏▼

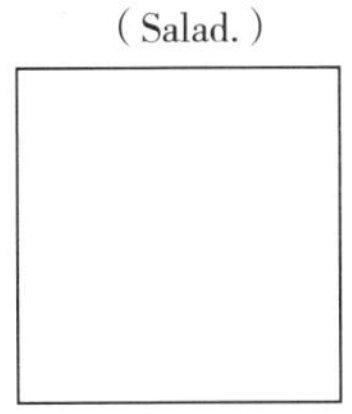

【第 2 阶段】

接下来，在笔记本的一端或在另外的记录用纸上，创建一个作为“食材库”的位置。

在这个“食材库”里，写入大量时令食材，比如现在是春天，那就写入春季食材，如芦笋、新土豆、楤木芽、圆白菜等。

在组合搭配这些食材的同时，思考何种味道更好吃，何种香气更能激起食欲等，并将这些点子和想法写下来。

如果要进行补充，那就写在“食材库”中，除了时令食材以外，如果还想要以目前店里现有的食材制作菜品的话，就将平时随时可以进货的食材一并写入，进行比较和推敲。

另外，还可以选取一些热门食材等，即按照顾客的需求进行食材的选取。

如果事先写入一些能够供人选择的食材，如能增添菜品香味的食材、能改变味道的食材等，就能够进一步拓宽思维的宽度和范围。

▲【第 2 阶段】在笔记本的一端创建食材库▼

（Salad.）

食材库

蔬菜			鱼类		肉类	
芦笋	卷心菜	蚕豆	鲅鱼	北太平洋巨型章鱼	培根	肉末
叶菜	水芹	新洋葱	鲷鱼	远东拟沙丁鱼	香肠	牛舌
款冬花	芹菜	新马铃薯	小沙丁鱼	萤火鱿	意式香肠	鸡肉
笔头菜	竹笋	楤木芽	竹荚鱼		猪肉	羔羊肉
青豌豆	豌豆	萝卜			牛肉	

【第 3 阶段】

至此，我们终于从视觉、听觉、触觉、味觉、嗅觉、价值、价格这五感加上两要素引出了 7 条枝干。

当然，笔记的正中间依然是一片空白。

在这一阶段，随机抽取“食材库”中的食材，并由此开始对五感逐一进行落实的工作。

比如，列出时令食材，并思考：“我们能够做出何种触感的沙拉？”“哪种菜品才能够激起顾客的好奇心？”

【最终阶段】

最后，在空白部分画上手绘插画，之后写上食材、菜品的名称。

这样创建出来的东西就是新菜品。

当然，即便是这样做也未必一定能够保证具备“五感要素”。

因此，还要再次检验新菜品能否真正给顾客带来感动、是否真的能给人惊喜等。

在这一检验阶段，也可能会重新追加一些能给顾客带来惊喜的要素。

如何？是不是觉得有点儿难？不过只要习惯了之后，就能够十分轻松愉快地在白纸上书写和构思了。

▲【第 3 阶段】引出五感加上价值和价格这 7 条枝干▼

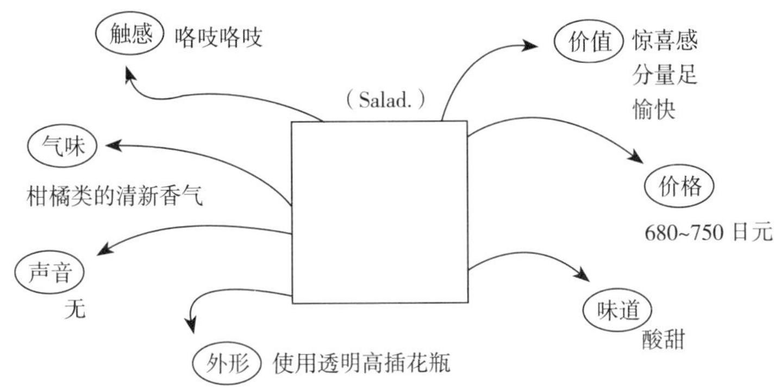

▲【最终阶段】在正中间的空白部分画出手绘插图，并写上使用的食材▼

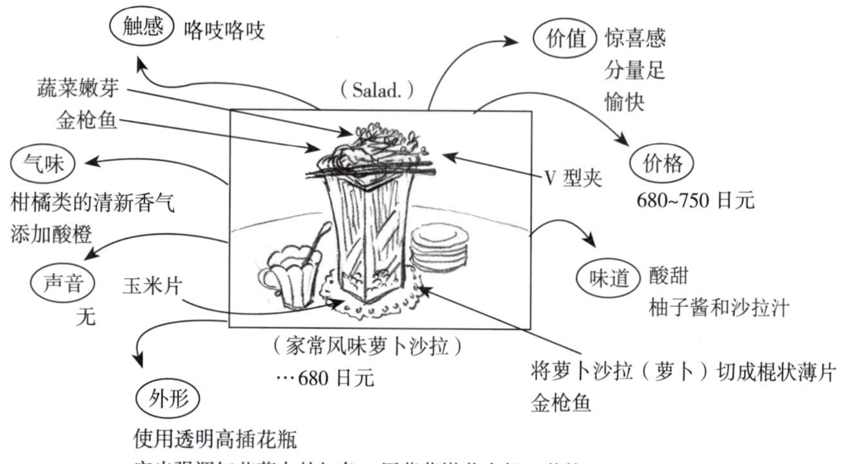

五感菜品的检验要点

使用 idea map 开发出新菜品之后，一定要对以下几点进行检验。

（1）开发可行性

顺利操作，能否落实、添加到本店的菜单中，要从“价格”“烹饪”“进货”这几方面进行验证。

避免烹饪的操作过程过于复杂也很重要。如果烹饪的操作过程变得十分复杂，用餐高峰时段就会供不应求，这样的情况反而会使效果大打折扣。

从结果上来看，这跟食材的损耗程度也息息相关。尽可能地设计和开发一些能够轻松做出来的菜，也是“热销”的必要条件之一。

（2）需求

在构思刺激五感的热销独创菜品时，想顾客之所想，也是十分重要的。

我有一个能够知晓顾客喜好的手段，就是浏览和翻阅目标顾客平时阅读的杂志或书籍。

不仅是料理相关的书籍，在顾客阅读的时尚杂志或旅行指南等中也可能会有所启发。

对通过使用 idea map 的“扩散法”和“集中法”开发出来的新菜品，也必须确认是否真正符合顾客（目标顾客）的需求。

如果检验和确认的结果是 OK 的，才能最终进入试制阶段。

所谓目标顾客的需求，换言之就是顾客从这一菜品中能否得到“惊喜”和“感动”。只有自己认为“这个应该能够打动人心吧”，这一菜品的开发才算是合格了。

“普通”是最不好的，所以对于“五感要素”，一定要以严格的标准来审视，这一点非常重要。

在检验的阶段，如果发现了任何问题点，就应该对各个要素都重新审视并进行改良。

如果觉得菜品“没有任何令人惊喜和感动之处”，那么就要重新对动作和香气、声音、温度等进行思考。

▲通过 idea map 创建的新菜品也必须进行检验▼

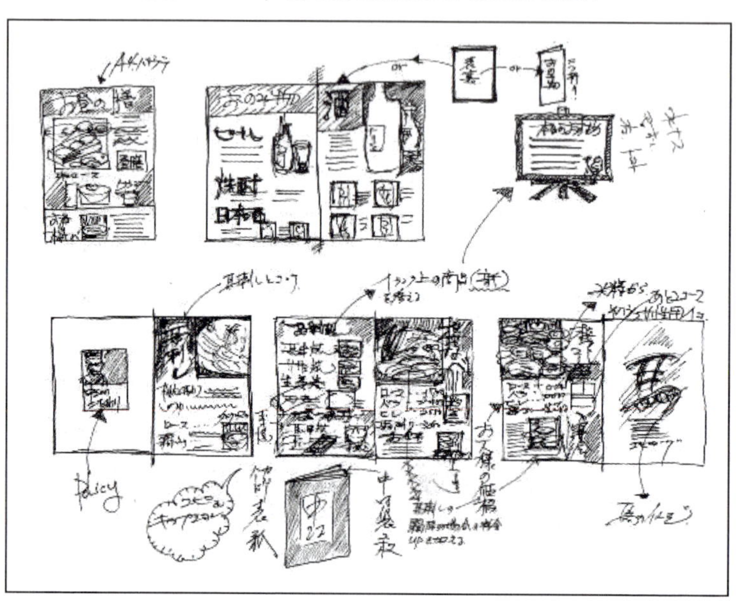

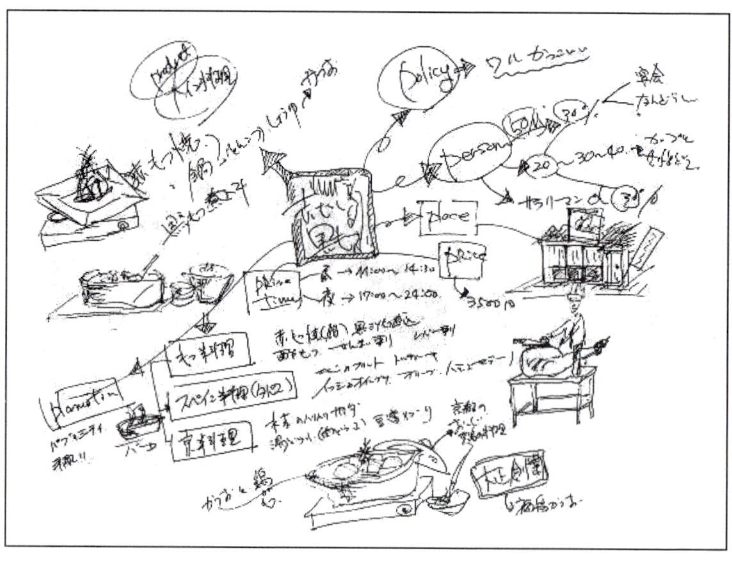

反过来想，只要能够逐一落实五感的各个要素，就一定能够打造出令人惊喜和感动的新菜品。

只要掌握了“USP”的打造方法，谁都能成为 No.1

在全面把握和考虑到五感的原创菜品的开发过程中，菜品如果是“普通”是最不好的。必须要强调和突出五感。因为弄出一个“稍好些”的菜品，是绝对不会成为 No.1 的。

你知道“为什么顾客会在为数众多的餐饮店之中，特意光临自己的店”吗?

知道“跟其他店相比，我们这里并无优势，所以赚不到钱”，却不知道“这家店不错，所以会有客人来”这一关键点的店长和经营者非常之多。

而只要知道了这一点，就能够将这一“理由”扩大，并加以强调，借此增加获取客源的机会。

那么，如何才能弄清楚令顾客“特意光临本店的理由”呢?

线索即店铺自身的“USP”。

所谓“USP”，即“Unique Selling Proposition”。

直译过来就是

U= Unique ………………… 与众不同、独特的

S= Selling ………………… 销售

P= Proposition ………… 主张、卖点

也就是说，所谓“USP”，就是指

“你的店铺独一无二的独特优势”=best（最好的）=only one（唯一的）

或者说，

“给顾客极致感动的、让顾客产生共鸣的根源”=能令顾客产生“必须支持和光顾”的想法

以前，我们经常会使用“差别化”这一词。但是用这个词来形容和解释 USP 仍稍显不足。与和竞争对手之间的较量相比，更重要的是“第一、最好”。

再重申一次。

“较好是不行的。必须要以成为 No.1 为目标。”

也就是说，商品必须要有压倒性的优势。

话已至此，想必很多人会觉得“这根本办不到”。

但没关系。只要掌握了“USP”的打造方法，谁都能实现。

在我的委托人之中，有一家叫作“日本桥第一内脏锅”的内脏锅专营店。

店老板多贺先生没有经营餐饮店的经验，之前一直在保险

代理店任职，甚至连在餐饮店打工的经历都没有过。

而就是这个多贺先生，目前已成为日本桥地区，甚至整个东京最具人气的内脏锅店的老板。他之所以能有今天，说到底就是因为该店把“USP”打造得非常出色。

不管怎么说，仅从这家店铺的商号来看，因为店名是“第一内脏锅”，所以很容易让顾客对该店抱有“No.1 内脏锅店”的印象。

还有一个要点就是，店名中加上了“日本桥”。

这样一来，就一下子抓准了市场范围，从而能够更容易将店铺打造成为这一地域的“No.1”。

当然，在食材方面，该店在日本全国范围内尽可能多地搜寻新鲜的内脏货源，并且只选择其中确实能称为 No.1 的食材进货。

另外，在味道方面，该店全面调查研究了东京范围内的所有内脏锅店，最终提供给食客的是不逊于任何一家内脏锅的美味（对于这一点，吃遍全日本的我可以保证）。

就这样，该店成为了顾客心中实至名归的“No.1”。

以上内容可总结如下：

●内脏锅 No.1（店名）

●内脏肉质美味度、新鲜度 No.1

●内脏锅的口味 No.1

再将以上几点缩小到“日本桥”这一市场范围，则成为了：

●“日本桥 No.1”

而且，趁着第二轮的内脏锅热潮（当时的 GURUNAVI[①] 美食网站火锅类排名中，内脏锅排名第一）的良好态势，该店一鼓作气拿下了东京第一内脏锅专营店的名号。

如上，就是要像这家“日本桥第一内脏锅”一样，找准“业态”，锁定“地域”，抓对“商品”。

而且，要彻底研究清楚该地域目标顾客的嗜好，令店铺的口味和氛围、环境都最适合目标顾客。

也就是说，要对市场进行细分和精确，甚至达到没有同类竞争对手的程度。这样一来自然就能够确立店铺“No.1”的地位。

只要能够实践这样的操作和努力，谁都能成为 No.1。

这正是“USP”的效果所在。

你也快去寻找能够令自己的店铺成为 No.1 的东西吧。

要是找不到呢？

找不到就自己创造出来。这就需要拼命磨炼和提升商品、服务，并对业态、商品、目标顾客及市场（地域）进行细分和精准定位。

只要抓准了能产生“这点不错，客人们一定会因此而光顾”的根源，就能够打造出刺激食客五感的招牌菜品，还能够进而推动餐饮店获得巨大的成功。

---

① 译者注：GURUNAVI，日本美食搜索网站。

“USP”的打造方法 其一“从店铺自身发掘”

关于“USP”的打造方法，至今已有很多人在多本著述中介绍过了。

其中，经常使用的手法有“从店铺自身发掘”和“通过询问顾客得出”。

通过这类方法偶尔也能够发现较好的“USP”。下面，我就按照顺序向大家说明介绍“USP”的发掘方法。

首先，第一个方式是“从店铺自身发掘”，那么就需要各位读者回答以下几个问题。

这是我在做咨询服务时经常使用的一个问卷调查表，掌握了这个表之后，工作就会非常方便。下面就请大家针对各个问题，写出相应答案。

▲弄清本店（公司）“USP”的49个问题▼

1. 请列举出你的店铺商品的三个特色。
2. 目前最畅销的商品是什么？请分别从销量和营业额两方面说明。
3. 至今店内最畅销的商品是什么？请分别从销量和营业额两方面说明。
4. 你认为该商品之所以畅销的原因是什么？
5. 为什么这么说？
6. 请列举出你的店铺在服务方面的三个特色。
7. 在服务方面，最令顾客感到满意的是什么？
8. 为什么这项服务最令顾客感到满意？
9. 请列举出你的店铺在价格方面的两个特点。

10. 你认为你的店在价格方面比其他店铺实惠的商品・服务是什么？
11. 你的店铺的人均价位与同行业其他店铺相比，是高是低？
12. 店铺的地段・面积・座席数都是多少？
13. 店铺内外装潢的特点是什么？请分别回答。
14. 在店铺的内外装潢方面令顾客感到满意的是哪里？
15. 从车站步行到店需花费多长时间？（郊外店铺除外）
16. 顾客从家出发平均需花费多长时间到店？
17. 从点单到上菜需要花费多长时间？这一时间与标准时间相比如何？
18. 停车场可容纳多少辆汽车？
19. 店铺周围有多少家企事业单位？
20. 店铺附近有多少条公交、地铁轨道、河流、主干道？
21. 店铺可以从多少米之外的地方被看到？
22. 店铺是否有主页？（月访问量有多少？）
23. 你的店有顾客名册、会员卡、电子杂志、社团吗？
24. 除此之外还有其他市场营销手段吗？
25. 竞争对手店铺（人均价位、座席数相仿的店铺）有几家？
26. 最大的竞争对手是哪家店？请具体回答。
27. 竞争对手店铺的特点是什么？请列举出三个以上。
28. 与这家竞争对手店铺相比，你的店的优势和劣势都在什么地方？
29. 你的店的目标顾客是何种类型的客人？（有午餐・晚餐的店请分别作答）请列举出三个特征。
30. 目标顾客的年龄层、平均年龄是几岁？
31. 如果将目标顾客比作明星的话，那最像哪个明星呢？
32. 目前最尊贵的 VIP 顾客是谁？请列举出三位。
33. 这位 VIP 顾客认为你们店的优点是什么？
34. 这位 VIP 顾客目前最不满意的地方是哪里？
35. 如果你们店想要解决这个令人不满意的地方，需要怎么做？
36. 最能取悦这位 VIP 顾客的是什么？
37. 如果你们店想要做到这一点，应该如何着手？
38. 请列举出五条顾客曾经表扬过“你们店这个地方做得很好”的事情。
39. 店员（包括兼职・打工人员）的平均年龄是多少岁？
40. 店员的性别构成比例如何？
41. 店员的特点如何？（有活力、全是俊男美女等）

42. 让店员自豪“我们店这一点是最棒的”之处，请列举出两个。
43. 你认为目前店铺里自己最喜欢的地方是哪里？请列举出三个。
44. 在自己的店铺中，有没有什么特别执着和讲究的事·物？
45. 请列举出三个绝不逊色于其他店铺的地方。
46. 如果将这家店看作自己，那么你将来的“梦想”是什么？请列举出三个。
47. 你的店铺（公司）的使命·经营理念是什么？
48. 如果将问题47的答案总结成一句话，你的店是个什么样的店？（理念）
49. 在你的店中，能让人说出“不管到哪儿，我们都是独一无二的”地方是哪里？

怎么样？回答完这些问题，各位是否感到“这点我之前没想到”“这才是我们店的‘USP’”了呢？

在回答上述问题的过程中，很多人都会发现不少以前没想过、没发现的自己店铺的意外特点及长处。

以上问题的分类如下：

1~5　是关于商品的特点。

6~8　是关于服务的。

9~11　是关于价格的。

12~14　是关于店铺的。

15~21　是关于便利性的。

22~24　是关于与顾客的沟通交流方式的。

25~28　是关于竞争对手的。

29~38　是关于顾客的。

这是最重要的部分。对于让顾客感到不满意的地方，如果“我们店能解决这一问题”，这大多都会成为顾客最大的光顾理由。

39~42　是关于店员的。

43~46　是关于店铺经营者（店长）自身的主观问题的。

47　是经营目标（详细内容在第 4 章加以说明）。

48　是店铺的经营理念。

而 49 就是店铺的“USP”。

像这样在回答问题的过程中，就能够逐渐对店铺自身有一个客观的认识。

有时，这一问卷还可能使至今一直未被意识到的店铺“USP”显现出来。而且，深入挖掘店铺自身的“USP”，还能使下一次思考应对策略时更为轻松。

只不过，即使意识到了很多问题，真正最重要的还是顾客对店铺的印象。甚至可以说，只有顾客对店铺所持有的印象才决定一切。

这是因为，即使你将这次意识到的部分在店内重新进行了调整，但很多情况下这会让顾客觉得“这样的形式我以前就知道”。

正因如此，能让顾客说出“谢谢，我就是想要这种的”的

有压倒性优势的商品・服务

或是能让顾客觉得“我也很认同这家店的理念，真是太酷了”的

能引起顾客感动与共鸣的根源

才正是“USP”的真谛。

“USP”的打造方法 其二“通过询问顾客得出”

还有一种打造“USP”的方法，就是通过询问顾客得出。正如前文所述，最重要的是顾客对店铺的印象如何。

经营者自身意识不到的地方，站在顾客的立场上或许有时候就是“理所当然的USP”。

比如，我就曾经遇到过一个拉面店将店铺重新装修，改装得时尚美观后，反而使顾客不再光顾的事例。

在店家始终想不出原因，进而展开问卷调查之后发现，理由居然是：以前这家店的拉面分量是其他店铺的1.5倍，而重新装修后分量变得跟别家一样普通了。这种情况并不少见。

原本这家拉面店的“USP”是“量大”，而经营者并没有意识到这一点，从而导致了经营失败。

所以说，顾客才更清楚店铺的“USP”。

那么，要想通过询问顾客引导出店铺的“USP”，应该如何去做呢？

方法有三：

第一，做问卷调查。这个问卷调查要由店铺设计问题和选项，然后由顾客选择选项。

第二，制作可让顾客自由填写的调查问卷。

第三个，直接询问顾客。

这三个方法的共通之处就是店方想要得到的信息——“您为什么光临本店”。一般的问卷调查上经常出现“您觉得本店的用餐氛围如何？”“您觉得本店菜品是否可口？”等问题，我却觉得这些问题没什么意义。

因为这会给人一种原本应由店方检验的问题却让顾客代劳的感觉。

比起问这些问题，“十分感谢您今天能在众多餐饮店中，选择本店用餐。如果不麻烦的话，能否请教您光临本店的理由呢？”，等等，以这种感觉来询问顾客光顾的理由更好。

▲制作容易问出来店动机的问卷调查（面向家庭的问题举例）▼

【问卷调查】

如果方便，请告知您的光顾理由。

□因为离家近

□因为在这里可以和家人轻松进餐

□因为这里有家人都喜欢的食物

□这家店送给孩子的礼物很有吸引力

□因为这家店对吵闹的孩子也很有耐心

□因为有喜欢的菜品

如果可以，请写出菜品名称。

____

____

____

____

如果您还有其他意见，如您感觉本店“这个地方很不错”，或是“希望这个地方能够改进”，请在下方填写具体内容。

____

____

____

关于如何设计让顾客易于回答的选项，如果是以家庭为目标顾客的店铺，可以按照上页图的提问方式进行问询。

按照如上方式进行问卷调查，就能够询问出来店动机、店铺优势、缺点等。

只有这样才能对打造“USP”给予巨大帮助。

而另一方面，在直接询问来店顾客时，则必须拿出一些勇气。

当然，直接向顾客询问“您是觉得本店哪里好才光顾本店的呢？”等问题有些难以启齿。因此，可以先用其他的话题来展开谈话，然后再不露声色地引导顾客说出对本店“USP”的评价。

在谈话中，如果顾客说出“我最喜欢你家这一点了”等话语，那么这一点就正是顾客所认为的店铺的“USP”。

“USP”的打造方法 其三“打造新的‘USP’”

以上介绍了如何通过自主思考或询问顾客来发掘店铺潜在的特质，以此打造“USP”的方法。

确实，这一做法对顾客来说也是能够发掘出有价值的“USP”的。

但是，以我本人的经验来看，这一比例仅占火爆的“USP”的20%左右。

我参加过各种各样的研讨会，并听取了很多关于“‘USP’的打造方法”的讲座。说到这些讲座的内容，基本上都是在说“‘USP’就存在于目前店铺自身之中”。

和我一同参加讲座的我的委托人曾经在实际中尝试过按照这一方法打造“USP”。

幸运的是，我也曾有两三次机会参与其中，并借此收集了很多研究资料。

大家认为结果会如何呢?

从最终结果来看，大多数时候这一方法并不奏效。

我的委托人在“USP”刚刚打造出来时，也曾满怀欣喜地说，“啊，原来我一直没有意识到的东西终于显现出来了”“原来这就是我们店的‘USP’啊”“真是对我们店有了一个重新的认识”。

然而，之后按照这个“USP”制作了传单、海报广告、杂志等，想要吸引客源时却发现，顾客完全没有任何反应。基本上全都是竹篮打水一场空。

结果，即便着力强调以往店铺原有的事物，但在顾客来看，却大多会觉得“与以往相比并没有任何变化”。

那么，到底应该怎么做呢?

如何才能够打造出“明确的”“USP”呢?

下面就让我来回答你吧。

答案就是：打造新的“USP”。

也就是自己打造出一个新颖的、具有冲击力的“USP”。如：

“我们店的○○是最△△的”

“池袋唯一一家手工意大利面专营店”

“新宿座席数最多的咖啡厅”

等等。

要尽可能地包含一些“○○最好”、最大、唯一一家等此类体现店铺“No.1、only one”的要素。

上文所述的“日本桥第一内脏锅”就是这样。

由于店铺具有“日本桥区域唯一一家内脏锅店”这个“USP”，因此能够给顾客留下“only one”的印象。

因此不需要花太大功夫，就能够成长为生意兴隆的好店。

这终究还是因为该店灵活利用了“USP”所带来的结果，总之，最重要的就是重新打造出一款能够让顾客产生“请让我尝尝吧”冲动的这种决定性商品，即重新打造一款能够刺激五感的菜品。

即使没有食材也必须竭尽所能地打造出来。

是的。“打造新的USP”。

“这种事儿你不说我也知道。但就是因为我做不到，所以才会陷入现在的困境啊。”

如果你这么说也无可厚非。那么，就让我来教你打造出新的USP的方法吧。

首先，你要认识到一点，即能够引起顾客兴趣的是“在○○方面是首家”以及“唯一”或“No.1”。比如：

“本店是东京地区首家儿童专用餐厅”

类似这种。如前文所述，不管是缩小至“在○○之中”这一选择范围，还是打造特殊化的经营理念，总之无论如何都要建立、打造出店铺自身“首家”“唯一”“No.1”的特质。

其他的，还有几个“最高级别”的表现方法。

▲“最高级别”的表现方法有如下几个▼

●唯一的 ●最后一家 ●价格最实惠 ●分量最足 ●品种最齐全 ●数量最多	●最大 ●最小 ●食材最新鲜 ●食材最新鲜（老字号等） ●最新 ●最有热情和朝气	●营业业绩 No.1 ●顾客评价 No.1 ●餐厅排名 No.1 ●服务细致 No.1 ●礼物最好 ……

具体例子请参看上图。

还有很多很多最高级表达方式的例子。

请将这些表达方式与店铺自身的特征、技巧进行组合，打造出前所未有的新颖“USP”吧。而且这样一来，顾客们就会慕名而来，想“一定要去尝尝”。

如何？与以往的比较级别的表现相比，是不是有一种压倒性的突出感觉呢？

当然，自己本打算打造出一个全新的“USP”却发现打造出来的东西与以往已有的东西相重合了，这种情况也时有发生。但是，那也没关系。

最重要的是，务必要**“从零开始思考”**。

这种做法会比从以往已有的东西中发掘“USP”的方式更有效，更快地获得成功。

不可否认的是，把打造出来的“USP”落实到具体的商品和服务、店铺中，是非常困难的。但是，即便如此，也绝对值得一试。

还有一点必须要加以注意，就是在价格方面，绝不要轻易地打出“价格最实惠”这个特质。“价格最实惠”究竟会不会取悦顾客呢？仅仅是价格便宜，商品自身没有任何吸引力的话，还能称之为礼物（犒赏）吗？

人均价位1000日元以上的店铺的商品是犒赏。不仅是对同行的同伴而言，对自己而言亦是如此。

这一点请一定仔细考虑。

打造五感菜品的三要素+1

①决定主题。然后再加上与之相关的吸引人的文案和评论。其目的是让人对这一主题感兴趣，想要“一探究竟”

②打造“独创商品”。特别是主打商品，应尽可能打造出前所未有的商品

③考虑实际操作性，使烹饪过程和顺序简单化（操作过程过于复杂会花费过多时间和精力，造成反效果）

+1认真斟酌菜品照片和设计，在餐桌上放上醒目的菜单，在顾客来店时进行推荐

第 2 章

一学就会的“五感菜品”宣传方法

明明是赚钱的手段，却几乎没有餐饮店能够做到

说出来或许有人不相信，但实际上，能使餐饮店生意火爆的“固定模式”早已经存在了。

要说在这一“固定模式”中，都包含何种要素，就比如说有“商品”“服务”“策略”等。

刺激五感的菜品就属于这个“商品”的部分。在开发新菜品之际，必须要检验“五感要素”。这是关于商品的“固定模式”，换言之就是赚钱的手段。

也就是说，对商品和服务、策略等各个要素分别进行细致的检验之后打造出来的东西，才是店铺生意兴隆的秘诀。

话说回来，在这些要素中，有一个要素令很多餐饮店经营者感到棘手。不论我参观哪家店铺，都能发现这部分的分数相当低。大家猜猜是哪个要素？答案就是“宣传”。大多数店铺都不能“精准地传递信息”。

这真是太令人感到遗憾了。不管商品多么优质，如果不能将之传递、宣传出去，那么一切努力都将付诸东流。“即使店铺拥有美味佳肴，也无法直接盈利”，其理由就在于此。因此，店内告知手段——“菜单”“海报”和店外告知手段——“DM 广告”“传单”“E-mail”作为传达“顾客能够获得的价值”的工具，可以说至关重要。

在这里，要向大家介绍我很久以前的一段经历。

CASE STUDY1

“Taverna Verde”的反转剧

这件事正好发生在距今十年前。当时我在广岛县福山市经营一家意大利海鲜餐馆 Taverna Verde。

也就是说我既是店主也是主厨。

这是我拥有的第二家店铺了（第一家店铺仅仅经营了 8 个月就草草收场了）。

这家店的地点在酒馆一条街的尽头，是一家由居酒屋改造而成的约 33 平方米、13 个座席的小店。

终于拥有了让我信心满满的店铺，“好嘞，接下来我就要让客人们尝尝我的手艺，大赚一笔啦！”借着这样的劲头，我就开张营业了。

然而实际上，开业当天和第二天确实来了不少客人，但从第三天开始营业额就仅有 1 万日元左右。

我却还在想：“哎呀，总会有这样业绩不好的日子，过一段时间等大家慢慢知道了我们店东西有多好吃就会打出口碑了。”

然而我太天真了。不管是过了四天还是五天，依然没有客人光顾。

这种白天一个客人都没有、晚上只有两桌客人的日子持续了一段时间。

之后，接连三天连一个客人都没有。

那时候距离店铺开张还不过半个月而已。

我呆呆地站在店铺门口，这时隔壁居酒屋的店主大叔就直接对我说："老板，我觉得你的店肯定不会火。你不如把店面搬到山上风景绝佳的地方去，盖一个时髦漂亮的建筑然后再营业多好啊！"

那天晚上，我迎来了久违的（时隔四天）客人。

然而，那位客人居然也对我说："老板（广岛人称呼店主为老板），我觉得这个店肯定赚不到钱。不如趁早放弃算了。"

但是，确实，我的店周围全是小酒馆和俱乐部，在这样的地段会有谁能产生到意大利料理店来消费的念头呢？所以，说得极端点儿，无人光顾也是必然之事。

那天之后，又是接连四天一位客人都没有。在这之前，有三次是接连三天都没有客人，所以当时我曾下定决心，"要是连着四天都没有客人我就放弃，把店关掉。"结果这句话成真了。

真的是毫无防备地就迎来了这一天，所以我连一点心理准备都没有，这样在惊慌失措中，就到了第五天。

因为那天来了三桌客人，所以侥幸没有创下接连五天没有客人的记录。

但是，店内的资金已经是捉襟见肘了，贷款的金额像滚雪球一般越来越大。

然而，从那天之后，事态逐渐转好了。

CASE STUDY1

那位对我说“不如趁早放弃算了”的客人开始每天晚上都来光顾了。

而且，还有一位不知来自何处的对各处餐饮店都非常熟悉的有钱客人不超过三天就会来店里就餐一次。

好像就是从那个时期开始，我为了配合周围的环境，将开店营业的时间改为从下午 5 点半开始到凌晨 2 点结束，把店铺转变为了夜间营业的店铺。

这样一来，到了深夜，在俱乐部工作的人会在下班后和客人们一起光临本店，渐渐地，我的店也开始有了一些固定客人。

而且，在开店营业的第三个月，月营业额终于达到了 50 万日元。第二个月是月营业额 28 万日元，虽然比以前强了一点点，但仅这点营业额还是没什么开店的价值。

不过，进入第四个月之后，客人一下子就开始增加，营业额忽然提升到了每天 3 万 ~4 万日元左右。

而且，终于在开张后的第七个月，营业额突破了 100 万日元大关，开始增长到 120 万日元以上。

与第二个月相比，已经达到了其 4 倍以上。店里突然开始忙碌起来。

这到底是怎么回事儿呢?

理由有如下三点。

第一点是，我自身态度的转变。以前即使是客人登门，

CASE STUDY1

我也不太把对方当回事，但从开张后的第三个月开始，不论是什么样的客人，我都会积极主动地打招呼欢迎对方。

而且，我对自己说："我是很棒的主厨。我就是梦幻料理人。"

我就这样认定了（任性地）。

当时正流行一部电视剧叫“梦幻料理人”，我每次在电视上看到这个剧，都会把自己想象成主人公。

虽然很多人会笑话我这样想，但我是非常认真地去做（模仿）的。

我的脑海中回响着主题曲，一边自我陶醉，一边当着客人们的面把鱼肉处理成生鱼片或烤鱼。

操作台下方的鱼篓中放着今天新进的新鲜鱼类，一边与客人们交谈，一边决定用哪种烹饪方式和酱汁来为客人们制作美食，所以真的完全是“厨房现场表演”。

客人突然增多的第二个理由是，客人们知晓了这家店铺的存在。

实际上，我在思考如何让人们知晓本店存在的时候，曾考虑过在当时最具人气的信息杂志上宣传，还想了各种各样的策略。

最后我想到一个点子，只要我成为了这家信息杂志的客户，那么在宣传自己店铺时也会有一些好处和优待。

也就是说，只要我购买该出版社出版销售的商品，就能

CASE STUDY1

够被作为客户对待，因此即便提出些强人所难的要求也能够被接受。

于是，我作为该出版社的客户，定制了印有店铺 LOGO 的纸巾和信封。结果确实不出我所料，当年我的店铺入选了三次该出版社的特集。

有一个月，甚至有一整页刊登了我店的照片。

用较少的预算就起到了很好的广告宣传效果，真是明智的策略。

这之后我偶尔也会主动打招呼问：“我准备了这样的企划案。你们看看能不能用？”而往往都会被刊登。

甚至其他店铺投诉说给我们店“登载得太多了”，所以这么看来确实是对我们的优待。

这一战略效果非常明显。我们店被刊登的当月会设特别菜品，且该菜品单价高成本低。再加上客人都会去点这个菜品，操作也非常简单。而且，客人们都是预约前来，事先的准备也就非常充分，因此就达到了一石四鸟的效果。

最后，客人增多的第三个理由就是“口碑”。

口碑最大的好处有两点：第一是能够吸引“与店铺价值观相符合的客人”光临本店。还有一点就是能在客人持续光顾的基础上，逐渐带来更多的朋友。

价值观相符的顾客频频来店光顾，店里的客人逐渐多了起来。因此店方就必须与这些客人进行“交际”，这样不仅能使客人更乐意在店内消费，也能够让客人成为回头客，所以这一做法确实是非常重要的宣传手段。

上文所述的那位对我说“不如趁早放弃算了”的毒舌顾客，其实是福山市料理界的大佬，因为想要对我这家生意惨淡的店铺施以援手，所以每天都来店消费。

他甚至还向光顾自家店的客人推荐我的店，“新开了一家不错的店，还请务必去品尝”。

另外还有一位“口碑制造者”（意指宣传、推广店铺口碑）是同行业的餐饮店店主。

这位店主现在已是拥有资产 50 亿日元以上的餐饮集团的社长，也是我后来任职的 OGM 咨询股份有限公司的领导级会员。

多亏了这位大人物的宣传，听闻了我店传奇的会员从全国各地纷至沓来。

当然，起初我也不明所以，还纳闷“为什么我家店的名号能够传遍全国呢”。

在大家的支持和帮助下，一年之后“Taverna Verde”的月营业额已达到了 243 万日元。

仅仅一年时间，营业额就从 28 万日元增长到了 243 万日元，实现了 8.67 倍的增长。

现在回头想来，真是运气好。如果当初我没有想到利用媒体报道的这个点子的话……

CASE STUDY1

另外还有一点让我感触颇深。

那就是宣传的重要性，也就是向顾客传递信息的重要性。

虽然我家店与一年前相比，在菜品的口味上并没有什么变化，但顾客的光顾次数却有了巨大的变化。由此可见宣传的重要性。

无论店铺的菜品如何美味，价格如何实惠，如果不能向顾客传达出该商品的价值，顾客就不会光临。所以，宣传的重要性对于餐饮店来说不言而喻。

“赚钱的菜品”是什么样的？

我曾在一家知名咨询公司担任“菜品负责专员”一职，在我任职的 5 年期间，曾研究、开发出了数百种菜品。

我从这段工作经历中收获了一个真理，那就是：“赚钱的菜品”就是“能令顾客感到愉悦的菜品”。即：

“能传达出顾客可获得的价值的菜品”。

在此，需提醒大家注意，所谓“顾客可获得的价值”，并不是指商品本身的价值。

那究竟是指什么呢？是指顾客点了这道菜品后能够获得的情感利益（好处）。

比如：“本店这个金枪鱼是被誉为‘日本最好的金枪鱼’的

青森县近海海域捕捞的‘大间金枪鱼’[①]。日本近海海域产的金枪鱼数量稀少，是由当地渔民靠一根钓杆费尽力气一条条钓上来的。年捕获量仅有数百条，所以十分珍贵。”

这样进行说明后，客人们就会认为：

“啊，原来我在这家店吃的是平时难得吃到的、饱含渔民心血的珍贵的金枪鱼啊！”从而能够认识到自己获得的情感利益（好处）。这种对情感利益的认识，正是“感动”。

只有能够充分传递出这一“顾客可获得的价值”的菜品，才正是“赚钱的菜品”，也就是“能令顾客感到愉悦的菜品”。

下面，我就将自己经过思考总结出来的“赚钱菜品的6大条件”逐一细细阐述。

赚钱菜品的6大条件　条件1

具有“USP”——这是本店最大的卖点

关于“USP”，前文已经阐述过。

生意兴隆的店铺，其共同点之一即“USP”明确。

相反，生意惨淡的店铺则找不到“USP”。即便有“USP”，也基本上没有什么冲击性。

---

① 译者注：大间，日本青森县大间市。因为数量少、难捕捞，那里的金枪鱼被誉为特级金枪鱼。

首先，无论如何必须打造出“这是本店最大的卖点”这一部分，这是店铺生意兴隆的第一步。

然而，有很多店铺无论怎样都打造不出这一卖点。我提供过咨询服务的一家餐饮店老板就经常这么说：

“老师，您说生意兴隆的店铺的必要条件说得轻松，可是我们店到底该怎么做呢？老师您帮我们想想主意。”

对此，我就回答说：

“那我想想。我如果想到了个点子，你们会照做吧！”然后我先问了问店铺的现状，然后提出了我经过深思熟虑后想到的方法。

“社长，我想到办法了。这样做的话一定能够取悦顾客。”

我充满自信地向其进行了说明。可是，结果大多是以下这个样子。

“老师，这个点子好是好，但在我们店有点难以实现。目前我们没有人手啊。”

要么就是：

“要这么做的话，我们店的资金不够。”“估计我们店没有这个技术。”

总之，对方会找出一大堆难以做到的理由，然后这个打造具有冲击性“USP”的行动就这样半途而废了。

结果，这家店的人员还是以往的老配置，也不愿多投入任何资金，且只想在目前的技术能达到的范围内进行营业。

这样的话，绝对无法打造出顾客所认为的“这个真酷啊”

的具有冲击性的“USP”。

那么，为什么打造不出来呢？

说白了，原因就在于经营者不够努力和缺乏勇气。

后面只要获得了营业额·利润，就肯定能收回最初的投资。

虽然明白这个道理，但却被“从头学习和钻研太麻烦了”“要是失败了该怎么办？”等想法阻碍了行动的脚步。

真正想要采取一些措施的经营者，会在委任我打造USP之前，将我提供的信息和其自身拥有的一些信息进行搜集汇总，并进行调研，直至其自己理解和满意为止。

然后，建立一个健全、完善的体制，最后尽人事、听天命，下定决心干到底。

即使失败了也不留任何遗憾。

如果不能以这样的态度去打造店铺，则无法打造出能让顾客真正接受和满意的“USP”。

同样，如果遇到以这种态度努力打造自身的委托人，我也一定会全力支持。

赚钱菜品的6大条件　条件2

能感受到制作者（店方）的心意

我曾有一次，在打造“韩式辣鸡锅”这一菜品的时候，花了一年的时间，才打造出令自己满意的菜品。

当时，在日本经营韩式辣鸡锅的店铺还比较少，而且，在口味上也全都是一味地多放辣，并不理解这道菜品的美味之处在哪里。

所以我只好远赴韩国，走了好几家韩式辣鸡锅店去品尝，回日本之后再进行试制、试吃，如此反复了好几次。这道菜品历时一年，才终告完成。

在这一年时间里，我的房间里散乱地堆满了从韩国买回来的辣椒和芝麻油，大蒜和泡菜的气味混杂在一起，完全像韩式料理店的厨房一般。

因为忽然开始每天都吃辛辣的食物，所以我的胃肠功能开始紊乱，很长一段时间一直被腹泻等问题困扰。

因为这道菜品是在这样的经历下打造出来的，所以无论如何我都想让顾客能够品尝到这道菜，想让顾客说出“虽然很辣，但很好吃”。我想让顾客感到愉悦。怀着这样的想法，在菜单的制作上也竭尽全力，下了一番功夫。

我在菜单上，登载了我在韩国市场拍摄的蔬菜和辣椒、微笑的韩国大婶，还有我在韩国经历的趣事，为了打造这道菜品而付出努力的故事。

看到菜单的顾客一定会觉得“啊，店家真的下了番苦功，才做出了这道美味佳肴”。

在调查问卷中，我们收到了很多诸如“比我在韩国吃到的还好吃，店家真的认真研究过我国人民的口味啊”等表扬和评论。当我看到这个调查问卷结果时，高兴得热泪盈眶，这种感觉我至今仍铭记于心。

某一天，我下定决心，在那位在调查问卷上给出了肯定和褒奖评论的顾客即将离店之际，我直接上前询问了意见。

对方是这么回答我的：

“虽然我在调查问卷上写了比我在韩国吃到的还好吃，但实际上还是韩国的略胜一筹。但这家店是日本人初次制作成功的韩式辣鸡锅，我觉得做得也很正宗，所以就留下了那条评论。”

我对他说：“您真的很理解我们开发菜品的辛劳呢。”对方又回答说：“菜单上不仅仅是在描写开发菜品的辛劳，以及在韩国经历的趣事。更让我们感受到了制作方对料理的心意。”

接着，对方又说：“为你们加油哦。以后我还会经常来吃饭的。”

菜单上登载的照片、开发时的辛劳、制作菜品的经历，是这次对话的基础，也是店方与顾客建立信赖关系的基础。

如果没有这些，估计这位客人不可能理解得这么深刻。

让顾客感受到制作方的“心意”，是赢得顾客信赖的最有效的方法，也是店方的有力武器。饱含店家“心意”的菜单能够抓住顾客的心。

相反，体现不出店方“心意”的菜单，则只不过是一张商品列表罢了。

可以在菜单的遣词用句上多下点功夫。

请试着在菜单中，写进一些店家对某菜品所投注的“热情”吧。

赚钱菜品的 6 大条件　条件 3

具有故事性

下面这件事发生在我去一家铁板烧专营店的时候。

接过服务员递上来的菜单一看，第一页上罗列着一大排各式日式煎菜饼。

下面是沙拉，然后是肉类・鱼类的铁板烧，翻过这一页，背面是小菜和主食，最后一页是甜点。

我看了这个菜单后，自然而然地认为“这是一家主营日式煎菜饼的店，以此为主再加一点沙拉、小菜等”。

这样想着，于是点了单。

这时带我来这家店的同伴却对我说：

“这家店的猪肉大阪烧是最有名的，你要是不点这个的话就白来了。而且这家的大蒜炒饭也是大家都喜欢吃的绝品哦。”

我不假思索地说：

“稍等一下，那日式煎菜饼就不点也罢。点这么多两个人吃不完。”听了这段对话，店方的服务员就说：

“两位，我们店的日式煎菜饼可以点半份的。大蒜炒饭也可以点半份，那就每样都点半份如何？沙拉可以两个人分着吃，然后再点份猪肉大阪烧，前菜选择生牡蛎如何？我们店可以 1 个起卖。”服务员这样向我们进行了说明。

我心中不禁暗想：

“我这边还费劲儿研究菜单该怎么点呢！早知这样的话就应该把菜单设计成能这样点菜的方式啊！”

也就是说，所谓“具有故事性”，就是指店方传达给顾客的“按照这样的搭配组合和顺序用餐就能够知晓我们店的优点”的一种有独创性的东西。

而店家必须把这种独创性通过菜单传递给顾客。

特别是对于初次光顾的客人，如果缺乏这种故事性，甚至会令客人不知道该如何点餐。

虽说如果有负责点单的服务员跟在一旁，也可以进行详细的说明，但如果没有负责说明的店员，菜单的故事性就是不可或缺的必要项目了。

赚钱菜品的6大条件　条件4

同时准备好赚钱的菜品和不赚钱也无妨的菜品

我突然又说“不赚钱也无妨的菜品”，大家会感到很惊讶吧？

但是，从结论来讲，如果所有菜品都能够赚钱固然也很好，但没有必要使每个单品都达到平均成本比例。

比起这个，更重要的是“某一种商品，是最好的”。

为此，有时也会采取大幅降低最具人气菜品毛利的方式。

这样一来，就能够赢得来自顾客的“那家店又好吃，价格又实惠”的评价。

比如：烤肉店的“牛背肉”。

这道菜虽说是店铺的招牌菜，但我却故意将其定位为不赚钱也无妨的商品。最终，我成功将该菜品打造成了该地区最具价值商品。

有时候，牛背肉的单品成本比例甚至被我定为 50%。有时候我把黑毛和牛牛背肉定价为 800 日元，成本比例也达到了 50%。

“这样的话就不赚钱了吧？”您大可不必如此担心。

如果我把与和牛牛背肉点餐数相同的石锅拌饭定价为 800 日元，但其成本比例仅为 16%，这样一来如何？

平均成本率是 33%，对吧。这样的话就毫无问题了。

烤肉店实际上就是这样的利润构成。虽然毛利最大的菜品量大份足，但与此相对的大份菜品的平均成本比例却已经调整成了该店理想的成本比例。

“不过，最近牛舌的成本比较高。我们都颇为头疼。”近来，这种呼声比较高，但这个问题也有相应的解决办法。

可以加入煎饼这一菜品，虽然会多费些功夫。将这一菜品也设定在成本比例 20% 左右，作为烤肉店单点的菜品，其点单数量较多。成本调整最有效果的就是煎饼和肝脏、刺身这类菜品。另外，主食也能降低成本比例。乌龙茶和啤酒也有类似效果。

降低点单数靠前的菜品价格，或在进货价上严加控制，或是减少菜量，以降低成本比例。

就这样，无论如何都要打造出“区域最好”的商品。

综上所述，打造价格实惠的菜品要选择“人气商品”，能赚钱的菜品要选择“让顾客注意不到的商品”。然后，再降低该人气商品的营业额所占比率，提高赚钱商品的营业额比例。

将赚钱菜品和不赚钱也无妨的菜品区分开来，能够向顾客传递出“区域最好商品”的印象。

这就是通往胜利的第一步。

赚钱菜品的 6 大条件　条件 5

菜单的设计要有手工制作感

在这里我要向大家说一段我去年的一次惨败经历。这件事发生在我的故乡——尾道市。

这个经历是关于某日式料理店的菜单，这家店的菜单以前一直是该店的店主用钢笔手写的，然后将其放入塑料文件夹中。

于是我将这个菜单变成用电脑打印出来的。

这回使用的是带有较厚实外壳的菜单，看上去更像真正的菜单，非常美观。

确实，新菜单有些乏善可陈，但我一想：“哎呀，这也没办法。只要内容没变就行了。”于是将之放到了顾客的餐桌上。

结果如何呢？

一开始，顾客打开菜单，很快就将之合上了。然后说：“老板，给我来一份我之前常点的。”

（我）……

下一位顾客则看都没看一眼这个菜单，直接问道：

“今天的推荐菜品是什么？”

（我）……

再下一位顾客赞扬道：

“老板，新菜单看起来更方便了哈。”但是，却很快就不再看这个菜单，而是一边看着黑板上写的菜品，一边问：

“和今天的刺身盖饭搭配的菜品有哪些？”老板娘回答这位客人说：

“菜单换新了，更漂亮了吧？您好好看看吧。”

这么说着，硬是把新菜单摊到客人面前让其观看。但是这位客人却反驳道：

“我只要问问老板和老板娘不就知道什么好吃了吗？为什么还要一个个地看菜单呢？”即便如此老板娘也没有退缩，而是纠缠不休地说：

“你们不是一直说以前的菜单‘看不明白’吗？所以我们才花大价钱制作了方便阅读的新菜单，但你们还是不看，为什么呢？”

负责指导和制作这个“高价菜单”的我，羞愧得恨不得立刻离开那个地方。

要用一句话道明天机，那就是刚才那位客人的一句话。

“以前的菜单，字迹不好看，看起来很不方便，但却是老板每周认真书写的，我总觉得会有些好吃的写在上面，所以才会去仔细地看。”

（我）打击…………

第二天开始，小店又换回了原来的菜单。

我小看了顾客。他们知道手写菜单的优点。

即便如此，我还是觉得：“老板，你每周自己写菜单太麻烦了，还是换成印刷的吧。还能放些照片，那样肯定更好。”

这样想着，才将菜单换成了印刷的。然而，顾客们却凭直觉看穿了我想偷懒的把戏。

顾客们想看到的并不是商品列表，而是老板手工制作的“饱含心意的信息”。

下面，我想向大家再介绍一个相关的事例。这个事例是关于菜单设计感的。

你认为菜单的设计感是高一些好呢，还是低一些好？

正确答案是后者。也就是说，菜单不需要什么设计感。

当然了，菜单的设计虽然必须要考虑能否激起食客的食欲，但对于那些背景过于喧宾夺主的菜单或感觉过于简单、高冷的菜单，无论其设计感多好，也一定要避免采用。

餐饮店菜单的必备条件，如前文所述，是诸如商品和食材的相关逸事，或是手绘风格的插画，抑或是餐饮店自身的经营策略等。

最近，我制作的一款手工打造的菜单上，布满了插画和与食材相关的趣闻逸事。

▲菜单必备的是“手工制作感”（这款菜单加入了我手绘的插画）▼

那不勒斯原装进口披萨炉

要想制作出理想的美味披萨，对披萨炉的要求也非常之高。
无论是制造披萨炉还是正确使用披萨炉，
都需要经验丰富的专业人员。
只有以传统技法制造的披萨炉，以及最了解和熟悉这种炉灶的
专业披萨师才能够赋予披萨真正的生命。

虽然这么说有些自吹自擂，但这款菜单获得了顾客们的高度评价，至今这家餐饮店仍然门庭若市，门口等位的客人大排长龙，生意红火极了。

赚钱菜品的 6 大条件　条件 6

菜单上的照片要有美味感

在对菜单上的照片要有“美味感”进行说明之前，有一点必须先向各位读者说明一下。

菜单上是有菜品照片更好，还是没有菜品照片更好，这件事本没有定论。

虽然对这一问题经常有不同意见，但我可以断言，绝对是有菜品照片更具说服力。

另外，照片的有无关乎顾客对菜品的印象。

一旦将只有文字的菜单转换为印有照片的菜单，大多数情况下都会得到顾客“菜单看起来更方便了”的好评。

而另一方面，如果弃用印有照片的菜单而采用只有文字的菜单，顾客就会提出“这个菜单看不明白”的抱怨。

这是因为店方将以往通过菜品照片外观就能够进行判断的菜单换成了必须要发挥顾客自身想象力才能够点菜的缘故。

以往能够轻松理解和领会的东西突然变得困难了，因此顾客抱有不满是必然之事。结果会导致顾客对店方留下“不亲和，不替顾客着想”的印象，而使顾客的光临热情变得淡薄。

这充分说明，仅仅一张照片也会有如此巨大的效果。

即便在菜单中加入了照片，这个照片也要满足相应的条件。

“有美味感的照片”

▲有“美味感”的照片效果显著▼

▼有机生菜配自制培根凯撒沙拉

▲芦笋和温泉蛋米兰烩饭

既然要放照片，就必须严格遵守这一条件。进一步说，如果从照片上看不出菜品好吃，就不应该登载（上图照片中的菜品点单数均为其他没有照片的菜品点单数的三倍以上）。

在菜单中登载菜品照片最主要的目的就是“让菜品看起来很好吃”，并不是仅仅想让顾客知道有这道菜。

“有美味感的照片”具有极佳效果。

前几天，我把一家餐饮店原有的主打菜品照片换成了我拍摄的作品之后，成功地使这道菜品的点单数增加到了原来的三倍。

其理由显而易见。

主打菜品的照片成为“有美味感的照片”后，勾起了顾客的购买欲望。

那么，“有美味感的照片”到底是什么样的呢？

所谓“有美味感”，是指商品能够满足顾客的欲求，或者说，具有较高说服力，能让顾客感到这款菜品会给自己带来愉快、感动。

这就叫作“商品价值”。

而对于一家餐饮店的菜单来说，这个“有美味感的照片”正是“能体现出商品价值的照片”。

“有美味感的照片”=“能体现商品价值的照片”

“有美味感的照片”不仅能够刺激视觉，甚至还能够刺激嗅觉和触觉。

因此，可以说菜单上登载的照片有“美味感”是必要条件。

实践！有美味感的照片的拍摄方法

有“美味感”的照片的必要性，想必大家已经都了解了，那么，如何才能够拍摄出看起来很美味的照片呢？估计很多人并不明了。

如果请专业的摄影师来拍摄，则必须花费高额的资金。而且，就算是找专业摄影师来拍摄美食照片，也不一定就肯定能把食物拍摄得看起来很好吃。因为也有很多摄影师并没有太多拍摄美食照片的经验。

因此，在这里，我要向大家介绍一些能让新手拍摄出的照片不亚于专业摄影师的拍摄技巧。

顺便说一句，我其实也是一个专业摄影师（实际上，本书中登载的大部分照片都是我自己拍摄的）。

“有美味感照片的拍摄方法”

在此，我要向大家介绍的，并不是一般的数码摄影技术，而是刺激顾客五感的“能增加点单量的菜品照片”的拍摄方法。

下面我就来教大家不用雇专业的摄影师，而是你自己就能拍出来的，令顾客看后觉得“想吃”的照片的方法。

1. 什么是能令顾客想要点单的照片？

摄影师山家学[①]先生曾说过：“所谓照片，就是‘摄取一块四方的世界’。”

你想要展示给别人的是什么？是盘子？是其中盛放的食物？还是餐桌布置搭配？

也就是说，在这个四方的世界里，能完成主题的照片是最

① 译者注：日本摄影家，美食摄影大师。

棒的。

比如：如果是标榜“蔬菜量大”的汤面，则应该拍摄汤面上面堆放的蔬菜“冒尖”的样子。

另外，如果一款商品的主题有若干个，则应分为两个镜头进行拍摄。比如：如果有“蔬菜量大”“加放黄油”两个主题，则不要试图用一张照片去表达两个主题，而应分开拍摄出两张照片。

2. 有临场感的照片

“临场感”是在拍摄菜单和美食网站主页等登载的食材、美食照片时经常使用的词语。

但是，查阅资料后我发现，这个词语并没有准确的定义，而多凭感觉来使用。

那么，假设我们要对“SIZZLE（临场感）”下一个定义，则应该是肉类被烤时发出“吱吱”声的样子，或是揭开锅盖的一瞬间扑面而来的蒸汽。

也就是说，能令人联想到该食材和菜品所具有的原材料感、美味感、声音及味道等的东西，换言之，就是“能刺激五感的东西”。

因此，拍摄时，应思考和选择能联想到声音及气味等的构图。

一般来说，临场感分为堆放好食材、提升印象的“静态临场感”，和蒸汽沸腾、烹饪的那一瞬间的“动态临场感”。

▲拍出了酱汁在铁板上飞溅的“临场感”▼

如果以上图的照片为例，则美食照片的拍摄技巧可列举如下：

1. 有酱汁的话，先架好照相机准备，然后淋上酱汁，在酱汁发出“吱吱”声的瞬间进行拍摄

2. 拍摄蒸汽或烟雾时，选择深色背景

3. 拍摄热气腾腾的菜品或冒着蒸汽的菜品时，稍微离远一点进行拍摄，避免镜头起雾

与拍摄看起来很美味的照片相反，有的照片拍得影像模糊，有的则只是从正上方向下俯拍（突兀地将想拍摄的东西放在构图的正中间），等等，这些照片称不上能令顾客想要点单的照片。因为这些照片除了菜品以外，没有向顾客传递出任何信息。

要说为什么仅从食物正上方俯拍的构图无法令菜品看起来

很美味，是因为这样的拍摄手法无法表现出食物的“质感”。仅客观地从上方俯视菜品，会令人感受不到拍摄者对食物的兴趣和感情，这样的照片无法刺激五感。

话虽如此，但有些时候从正上方俯拍的手法也是可行的。比如：如果不从正上方俯视就看不到菜品顶上都放了哪些食材，若遇到这种菜品，则不要选用将菜品整体都拍摄出来的照片，而要将想要说明的部分剪裁出来。

通过剪裁照片的方法，令顾客的注意力都集中在菜品的顶部。也就是说，如果能令顾客的注意力都集中到菜品顶部，就能够传达出店方的意图。

另外，在拍摄饮品时，也不要整体拍摄，削去一部分的拍摄手法能令照片看起来更美观。故意让顾客自己补充缺失的那部分，会激发顾客的想象力，提升菜品的诉求力。

拍出美味照片的五大技巧

下面，我想向大家总结和介绍拍出美味照片的五大技巧。

技巧 1　光线

请一定别犯从菜品正面用闪光灯拍摄的低级错误（请一定将相机设置为禁用闪光灯）。

利用硫酸纸等遮挡光源，使光线柔和地从食物后方照过来，令正面隐约可见影子即可。

在斜前方再多放置一个光源就完美了。灯光大多使用白炽灯等。使用白炽灯时，用反光板在三个方向围出一个空间即可拍摄。

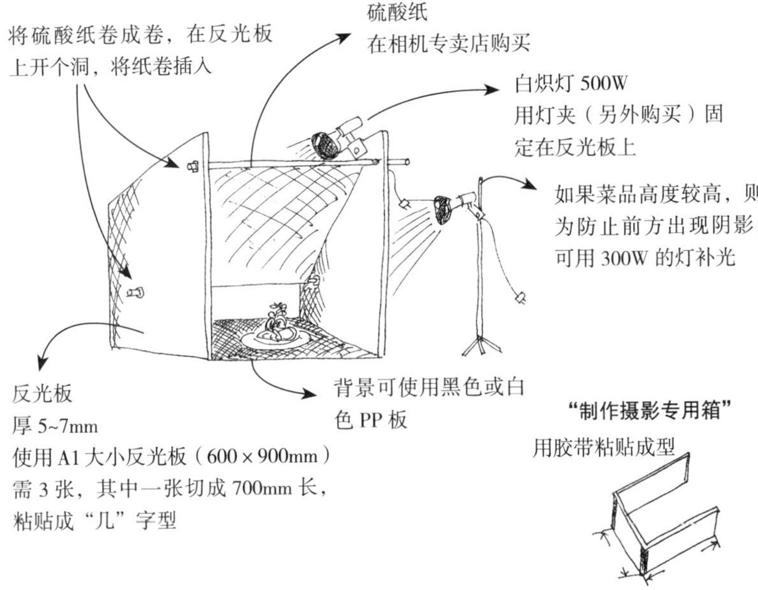

技巧 2　防止手抖

请一定要使用三脚架，做好防止手抖的工作之后，再按下快门，这是基础中的基础。

技巧 3　拍摄的角度

拍摄的角度一般采取正面 45° 角拍摄。当然，拍摄的角度还必须根据不同菜品做出相应调整（看起来最好吃的角度为最佳）。

如果有长焦，则在稍远一些的距离开始使用变焦镜头进行拍摄效果更好。如果直接使用一般镜头距离过近地拍摄，拍出的照片就只能看到盘子的前面部分，使拍出的照片过于呆板。

技巧 4　相机取景画面的大小

请将画面的尺寸大小设置为最大。如若不然，则无法发挥出相机最大的像素。

如果是用数码相机拍摄的照片，还可以用电脑进行后期编辑。届时，如果是要将照片尺寸缩小，也不会导致画质变差，但如果要将以较小尺寸拍摄出来的照片，用电脑放大、拉伸，就会导致画面失真、画质变差。

顺便提一句，设定模式时，以设置成“P”为最佳［当然，习惯以手动模式（M-Mode）拍摄的人设置为“M”也 OK］。

▲拍摄的角度和相机的设置▼

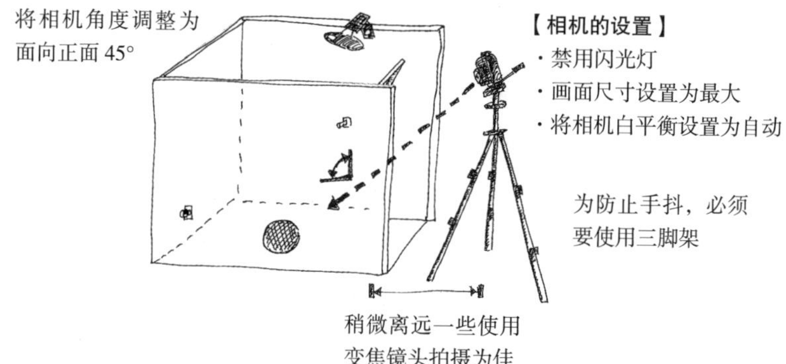

▲拍出美味照片的必要工具一览▼

❶数码相机

数码相机大致可分为三种类型，即一般的小型数码相机、高性能数码相机、单反相机。只要相机的像素在 300 万以上，那么拍摄美食照片就毫无问题。

相机像素在 300 万像素以上。如果可以，最好使用单反相机

❷相机专用三脚架

为防止手抖，相机三脚架是必备的。在选购三脚架时应注意的是，“最大高度”“价格区间”“高度调节”这三点。

说到“最大高度”，以高度在标准男性身高左右的为最佳。“价格区间”大概在 10000~15000 日元。比起高价产品，低价产品使用起来有时候更随心所欲。另外，关于“高度调节”，应选择带有中轴的可简单进行升降调节的产品。

最大高度（展开中轴的高度）如果可达到 150cm 左右即可满足拍摄需求。越有分量越稳当越好。一般 10000~15000 日元即可买到

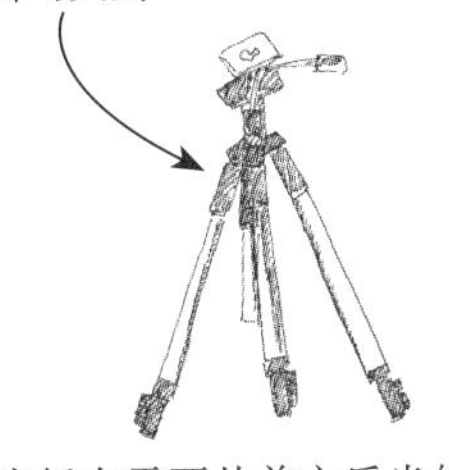

❸摄影箱

在装磁带的白盒子或纸壳箱等结实的衬纸上面贴上一层白纸即可。

❹硫酸纸

不要直接贴在光源上。应与光源呈约 40° 的角度。

❺照明工具

用小型照明工具的话，肯定会出现较大的阴影，所以应选择能照明较大面积的灯具［推荐使用白炽泛光灯 500 瓦（高度漫射型）的灯具］。

另外，在拍摄有光泽的商品时，可能会只有某个部分发光。这一情况也可通过使用能大面积照射的照明灯加以解决。

反光板在需要从前方反光的时候使用（如前方设置了灯光则不需要）

灯的光源一定要透过硫酸纸

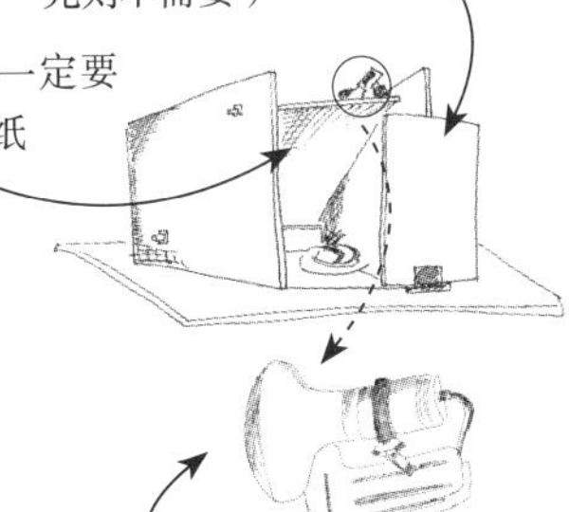

灯使用 500 瓦的泛光灯。用灯夹（另购）夹在摄影箱或灯座上

技巧 5　相机的机种

现如今，相机不断推出、发售新机型，相机的性能也一直在不断升级。就连小型数码相机的有些机型也具有防手抖功能，还有些机型的像素也达到了 1000 万像素以上，数码相机也能拍摄出不逊色于胶片相机的照片。

如果只是简单制作一个菜单的话，则使用像素在 300 万以上的相机拍摄即可保证画质。

※ 关于照片拍摄、设计、文案，在我出版发售的 DVD（也有盒式磁带版）中，对在桌面上使用的微型数码相机拍摄照片的制作方法及文案撰写方法、海报的雏形等进行了详细说明。请感兴趣的朋友参考（http://www.1menu.jp）。

掌握了这几点就能使店铺更红火！菜单的秘技

前文曾说到我也是一名专业摄影师，实际上我还是一名专业的设计师。

“你到底是何方神圣啊！”或许大家会这样想，不过实际上，本书中登载的绝大部分餐饮店广告单都是我设计的。

设计难就难在“布置”和“构成”上。我也是在白纸上无数次地徒手写入一些想要布置的内容，并模拟着进行制作的。

这里所说的“版面设计”能够左右商品的点单数，因此应

▲菜单设计草图的绘制步骤▼

❶ 首先将所有商品分类，挑选出含有品种数和照片的商品

❷ 将相同类别的商品按照能否归纳在同一页内的类别进行分类

（品种数）（照片张数）

烤肉及其他烧烤类：

- 前菜 7种——3张：韩式风味鳕鱼、海苔、腌菜
- 三包菜 3种——1张 什锦拼盘
- 沙拉 4种——2张：凯撒沙拉、韩式沙拉
- 牛背肉 6种——4张：上等牛背肉、特选牛背肉、带骨牛背肉、葱盐牛背肉
- 牛舌 3种——2张：椒盐上等牛舌、葱盐上等牛舌
- 里脊 2种——2张：上等里脊、特选肋排脊肉
- 内脏 5种——2张：牛肚、内脏
- 其他烧烤 8种——2张：香肠、海鲜拼盘
- 通知

主食：

- 饭类 5种——2张：石锅拌饭、牛肉泡饭
- 面食 3种——2张：面、牛肉面
- 辣白菜 3种——1张 辣白菜拼盘

- 韩式煎饼 3种——1张 海鲜饼
- 刺身 3种——2张：生肝脏刺身、生拌牛肉
- 大盘烤肉 4种——4张：特选拼盘、牛背肉拼盘、家庭套餐拼盘、什锦拼盘
- 今日推荐 5种——5张：毛豆、山药、章鱼刺身、牛・猪横膈膜、韩式芝士煎饼
- 甜品 5种——5张：香草冰淇淋、泡芙、黄豆粉冰淇淋、荔枝果子露、烤香蕉

❸ 在一页纸内大致写上商品，确认空间分配是否合理，组合搭配是否有误

刺身② 前菜③ 泡菜①	煎饼① 沙拉②	牛背肉④	牛舌② 里脊②
内脏② 其他②	大盘 烤肉④	今日 推荐⑤	甜品⑤
主食（饭）② 面食② 泡菜①	通知	封面 背面	封底 背面

❹ 配置商品，确定照片的合适大小等，调整页面顺序

封面 背面	今日 推荐	刺身 前菜 泡菜	煎饼 沙拉
牛背肉	椒盐 牛舌 里脊	内脏 其他	大盘 烤肉 泡菜
石锅 拌饭 泡饭面	甜品 其他	通知 店铺 信息	封底 背面

慎重地进行布置，且要符合店铺的发展战略。

在这里就要展现出大家作为制作人的手段了。

“怎样才能使想要卖出去的菜品尽可能地多被点单呢？”“销售套餐时，如何才能最大限度地展现出套餐的价值呢？”“在备选较多的情况下，怎样才能更容易被顾客选中呢？”……

依靠以往的经验，无数次地反复推敲、模拟，最后决定设计方案。

之后，再根据徒手画出的原稿，使用电脑进行设计。

最重要的就是这一“绘制草图”的工作。

这一工作与插画画得好不好没什么关系，所以在画出一个大致的草图，观察点单数的同时，再决定具体布置。

那么就请大家参考上页图，试着画出原稿。虽然我也会在之后依据实际拍摄的照片详细地加入标语和文案、解说（说明文字）将其彻底完成，但如果你能够自己做这些工作，就不需要这么麻烦了。

作为参考，我在本书中也登载了我绘制的详细的原稿（参见下页图片）。

我至今已经完成了超过 300 个菜单制作的工作。我还出版了名为《导致菜单失败的 14 个陷阱》的小册子，已经销售了 600 册。

既能摄影又能设计，现如今的我已经完全是一副“菜单制作咨询专员”的样子了。

而在我接连不断地接受菜单设计的工作中，我更加深刻地体会到“这些要点就是能使生意比现在更红火的打造菜单的秘技”。

▲“绘制草图”的工作格外重要▼

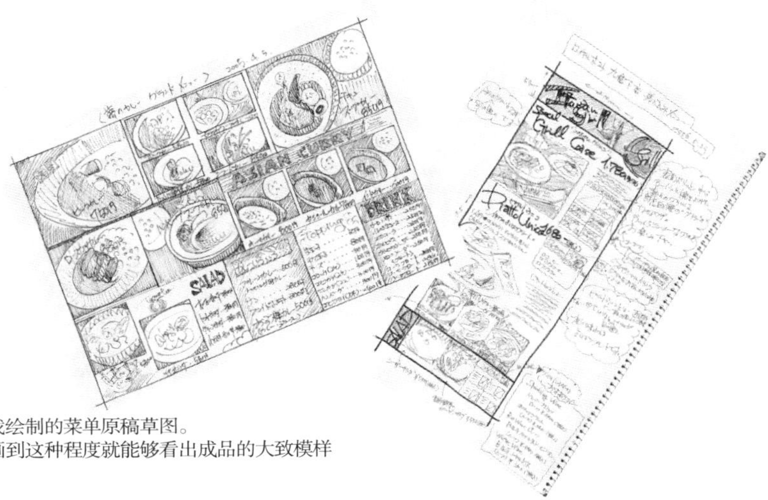

我绘制的菜单原稿草图。
画到这种程度就能够看出成品的大致模样

下面我就向大家介绍其中几个秘诀。

制作畅销菜单的技巧1

“整个菜单要打造1~3个‘USP’”

菜单中至少要打造一个，多则三个的“USP”。

这与店铺的“USP”也息息相关。总之，菜单之中也必须体现出“USP”。也就是说，必须要有诉诸五感的要素。

登载看起来很美味的菜品照片就是方法之一。

制作畅销菜单的技巧 2

“增加类别”

这一点或许很简单，但只要增加了菜品类别，就能够提高点单概率。

各个类别中的品种数即使很少也没关系。有时候一个类别中只有一种菜品品类也可以。

店铺菜品的类别多，这一点从顾客的角度来讲，具有等同于多次接受店方推荐和提议的效果。

就相当于在引导顾客：“点这道菜如何？这道菜可能更好哦。”这样一来顾客就会多次停下来研究。

相反，如果类别较少，顾客就会把所有菜品中最想要吃的菜品按照先后顺序进行排列，因此必然会只选择全体菜品中排名靠前的大概三个左右的菜品了事。

制作畅销菜单的技巧 3

“在各个类别中，分别设置一到两个主打商品”

这一点与前文提到的“增加类别”是同样的道理。

一般顾客都会有将每种类别中的菜品按照先后顺序排列的习惯。

只要在每个类别中打造出一个或两个亮眼的推荐商品，就能让顾客在看到该商品时停顿下来，思考并深究其内容，因此能够增加更多被点单的机会。

如果是附有照片的菜单，则应将主打商品的照片放大，在设计方面也要多下一些功夫。

如果是只有文字的菜单，则可通过改变主打菜品文字的大小、颜色来加以突出。

制作畅销菜单的技巧4

“准备出上·中·下三个档次的价格”

这一点即以前常说的“松·竹·梅”三段式的分阶层方式。

用市场营销学术语来解释的话，就是“frontend”“middleend”“backend”（高端、中端、低端）。

也就是说，一开始利用易于令顾客接受的价格来诱发顾客的购买欲，然后令顾客在深思熟虑后发现价格较高的商品更实惠、更划算的一系列营销手段。只要准备出上·中·下三个档次的价格，点单率就会大幅提升。

“制作好菜单才能卖出商品”

你是否也有了这种感触？定价时如果也能按照这一宗旨进行的话，就能够制作出更加具有战略性的菜单。

特别是如果某一类别的菜品整体感觉价格都偏高的话，就应该有意地配置一些低价商品，必须制造出“易下手、易点单”的感觉。

价格战略非常重要。这是因为价格往往会决定一款商品的价值。顾客在品尝一道菜之前，会先去想象“这个价格的话，这道菜应该会有多少多少价值”。

请一定将这一点铭记于心，再进行定价。

▲在实际中运用技巧打造“畅销菜单”▼

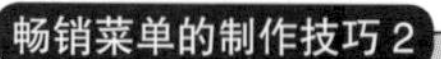

“增加类别”
有 13 种类别

畅销菜单的制作技巧 3

“在各个类别中，设置一到两个主打商品”

畅销菜单的制作技巧 1

“整个菜单要打造 1~3 个‘USP’”
该菜单的“USP”为披萨、意面、戚风蛋糕

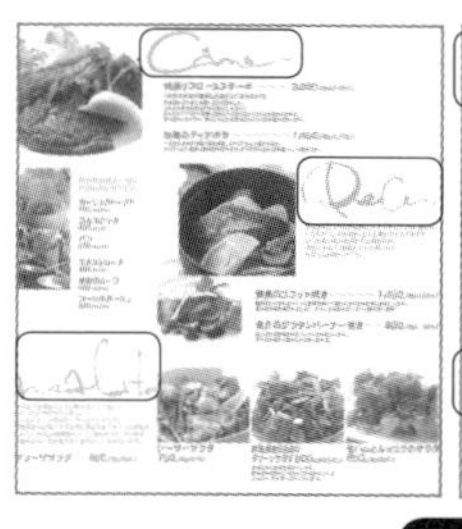

畅销菜单的制作技巧 4

“准备出上・中・下三个档次的价格”
意面 880 日元、950 日元（下）
1180 日元（中）
1380 日元、1480 日元（上）

套餐 1880 日元（下）
2800 日元（中）
3800 日元（上）

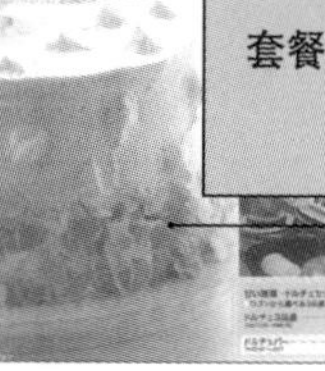

专题　畅销技巧

销售界教主密授之无人察觉的“推销必胜5阶段理论”

上文中，我们围绕什么是赚钱的菜品这一问题，对照片以及菜单的相关知识和技巧做了介绍，在本章的最后，我要向大家介绍我从一位被誉为销售界教主的销售员那里偷偷问出来的“销售”技巧。

在餐饮界，各个店铺·品牌的菜品口味形形色色、各有千秋，这一点毋庸置疑。但是，在其他行业中，却是很多家都销售同一种完全相同的商品。

那么，为什么同样是经营同种商品，有的店铺卖得好，而有的店铺就卖不动呢?

当然，店铺所处地段和商品价格以及营销方式都有所不同。

但这两者之间最大的不同却在于“销售”（推销），也就是“推销方法”有所不同。

进一步讲，是销售员的“推销方法”不同。

“营销”和“推销”这两者从“结果”来看虽然都是以卖出“商品”为目的，但两者的意义却不同。

从狭义上讲，营销是指“将潜在顾客带到销售员面前”。总之，即“能吸引多少顾客来店光顾”。

而与此相对，推销是指，让眼前的潜在顾客能够购买“商品”。

这其中的“推销方法”（销售谈话）的差别造成了营业额

的差距，也造成了利润上的差距。

这一推销时的销售谈话的诀窍为什么不能用在餐饮店经营之中呢?

为此，我向这位有“销售界教主”之称的销售员刨根问底地取了不少真经。

因为我实在太执着了，所以他终于偷偷告诉我“那我就告诉你一句我经常用的法宝吧”。

在这里，我就直截了当地原原本本告诉各位。

这句话就是……

将自己的潜意识（心灵深处的）全部暴露出来，进行推销。

而且，在推销商品时，要这么说：

“我非常热爱我的工作。我认为将这款商品介绍给顾客朋友是我的使命和职责。”

这样一来潜在顾客就会好奇：

“这款商品到底是什么样的商品呢？”而认真听你介绍“这个商品，其实是这样的一个东西”。在进行说明之后，潜在顾客大都会想：“是不是确实该试用下。”到了这样的阶段，自然就是鼓足勇气一鼓作气将合同拿下。

据这位销售教主本人的说法，“与我交谈的客户中，有六成左右的人都会购买我推荐的商品”。更重要的是，他所说的商品是价格将近100万日元的自我启发教材。

如果是一般人，根本就推销不了这样的商品。

专题 畅销技巧

但是，这位销售教主却轻轻松松地不断拿到签约合同。

他的销售业绩更是令人吃惊，在全世界1万多名销售人员中名列榜首，是名副其实的“世界第一”。

这位“世界第一”的销售教主，是一位身材修长的中年男性，一副笑眯眯的模样加上永远落落大方的讲话语气。无论怎么看，都与传说中的“销售教主”给人的印象大相径庭。

但是，他却是名副其实的“世界第一”的销售教主。我在听他介绍到一半的时候，就不由得决定要购买他推荐的商品。

在决定签单时，我又购买了另一套教材。

综上，虽然有些跑题了，但最有效的推销语言，就是“我非常热爱我的工作”“向更多的人传递出这款商品的价值是我的使命”。

▲使商品畅销的推销语言排行榜▼

第1名
我将销售这个菜品手册的工作，以及咨询工作看作是我生存的意义。我非常热爱这份工作。这份工作就是我的使命。

第2名
我认为这本菜品手册的内容非常好。我最喜欢的是这部分内容。

第3名
只要您按照这本菜品手册进行实践，就能使人均消费水平比目前提高30%。

第4名
这本菜品手册主要讲述的以下内容（进行详细说明）。请您一定认真考虑一下。

第5名
我把这本书放在您这儿了，有时间还请您加以阅览。

在听到这样的话之后，我真的觉得“我要的就是这个！”在我心中埋藏了很久的疑问终于得到了解决。

书店里有很多关于销售的书籍。但是，这些书籍的内容全都是“对顾客讲讲他们能得到的好处”“销售员要推销自己”。

那么，哪种方法能真正使商品畅销呢？如果在实际销售中进行实践，那么只要有这些方法的畅销排名就能很方便地知晓答案了，但是很遗憾，要想将这些方法全部尝试一遍，那么一名销售员需要花费很多年的时间才能分别尝试完每种方法。这么说来，制作一个排名终究是不可能的。

不过，在我听了那位“全世界顶级销售员”的话之后，虽然他说的也是一个假说，但我开始觉得“或许真的是这么回事”。

于是，我立即按照自己的方式检验了这一方法。在销售我制作的菜品手册时，我尝试了很多种推销语言。

▲畅销菜单排行榜▼

第 1 名
以店主的口吻，写上：“当年我品尝这道菜时的感动促使我开始从事这份职业，现在，我已将这份生意看作是我的天职（使命）。”

第 2 名
以店主的口吻，写上：“我对这道菜有着这样的用心和热爱，所以对其情有独钟。”

第 3 名
写出在品尝这道菜品时顾客能够获得的好处。

第 4 名
详细记述菜品的特点。

第 5 名
仅展示带有菜品照片和文字·价格的菜单。

专题　畅销技巧

▲畅销菜品推销的 5 阶段理论▼

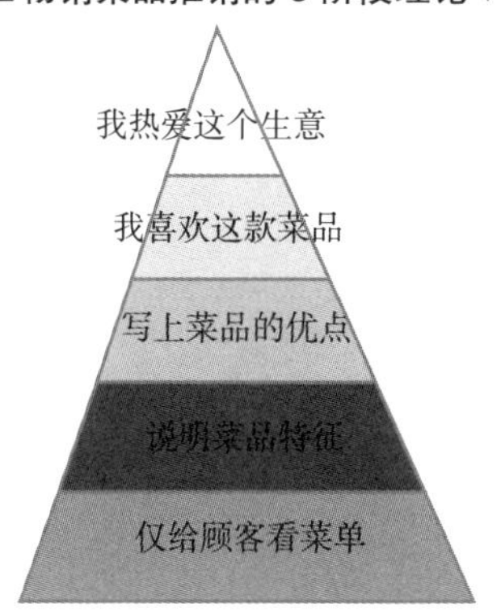

而我又针对哪句话成为了决定购买的契机，向顾客进行了问卷调查。“使商品畅销的推销语言排行榜”就是针对我当时使用的各种语言的调查结果。

看结果大家应该明白了吧。

排名后三位的语句是以“您”为主语。您看、您采取措施、您的业绩会提升。

而与此相对，前两位的语句主语是“我”。这个“我”非常重要。

也就是说，讲话的一方（即上述的“我”）如果非常兴奋，那么倾听的一方就会不由自主地将自己置换到说话方的立场上进行想象，也会变得兴奋。

这种现象在迪士尼乐园也能够看到。那就是迪士尼最令人期待的环节之一——游行。

因为在游行中，员工们会欢乐地唱歌、跳舞。而观光的游客则只是安静地站在柏油路上等待喜爱的人物经过。

这样是不是就更容易理解了？这与上文的理论是相通的。销售的一方（工作人员）因为“喜欢这样的表演”“喜欢这个工作”而开心地向游客展示，购买的一方（游客）看到工作人员的努力而与他们一起开心。

这就是日本最大的游乐设施中的特别节目。

根据以上的想法，我所思考到的菜单制作方法中，向客人推荐商品时的畅销语言排行榜如 P92 所示。

这样是不是更加简洁易懂?

还请参考这一“畅销技巧与阶段理论”来试着制作新的菜单或广告单。此外，在直接向客人介绍菜品的时候也可以运用这一理论。

这样的话，您推荐的商品一定会销量大增!

第3章

保证生意兴隆的集客步骤大公开！

餐饮店的市场营销就是吸引潜在顾客来店

在第 1 章中，我已经向大家说明，以往的黄金法则“Q・S・C”已经不再是“特别的”“强有力的武器”了。

而且，作为尽早提高营业额的技巧，我向大家介绍了打造刺激五感的菜品的方法。

实际上，“五感菜品”可以被当作是餐饮店未来的新黄金法则——“MUM”的基础理论和原型。

所谓“MUM”，取自

M = marketing

U = USP

M = motivation

这三个词语的首字母。

在此，我将围绕词组中最前面和最后面的“M”，按顺序进行说明。

很多委托人都会问我：“老师，怎么做才能够赚钱啊？”如果在以前，我一定会回答说：“我要是知道的话，早就让大家都赚大钱了。”但是最近，我已经可以肯定地回答说：“那就请你按照我下面所说的去实践吧，这样的话一定能赚到钱。”

我这么说的依据，就隐藏在下面的话中。

“所谓市场营销，就是找出有限的需求和欲求，对其重要性和潜在收益性进行明确和评价，选择能为组织带来最大贡献的目标市场，在此基础上确定最适合目标市场的产品、服务、计划，并要求组织的全体成员本着以顾客为先、为顾客奉献的态度进行服务的商业机能。”［摘自菲利普·科特勒[①]《营销原理》（东洋经济新报社）］

这段话是全世界最权威的市场营销学大师菲利普·科特勒对市场营销定义的阐述。

或许大家会觉得这段话有一点晦涩难懂，不过大家不觉得这段话对餐饮店来说实在是太切合实际了吗？

将这一定义与餐饮店经营对照进行思考，就会有如下感受：

“所谓营销，就是发现顾客需求，在最能发挥出店铺自身优势的领域中提供最适合顾客的商品、服务、计划。另外，这个团队能带给顾客多大程度的惊喜和满意。”

重点是，没有任何一本书提到“打造优质商品、服务”。即使是科特勒大师的定义，也只有“确定最适合目标市场的产品、服务、计划”。

① 译者注：现代营销集大成者，被誉为“现代营销学之父”，任美国西北大学凯洛格管理学院终身教授，是美国西北大学凯洛格管理学院国际市场学 S·C·强生荣誉教授。美国管理科学联合市场营销学会主席，美国市场营销协会理事，营销科学学会托管人，管理分析中心主任，杨克罗维奇咨询委员会成员，哥白尼咨询委员会成员，中国 GMC 制造商联盟国际营销专家顾问。

所谓营销，终究还是餐饮店的“顾客制造部门”而已。

换个更明确的说法就是，所谓餐饮店的营销，就是指“吸引潜在顾客来店，并持续来店消费”。

也就是说，为了吸引潜在顾客来店消费一次，其后还能够不断来店而做出的努力。

所谓潜在顾客，是指虽然知道店铺的存在，但尚未来店消费过的顾客。

按顺序说的话，则应将首先还不知道店铺存在的人视为潜在顾客。

接下来，让这些潜在顾客来店消费一次是最初阶段。

然后，为了让这些来店光顾过一次的顾客持续不断地来店消费，在他们光顾后仍要吸引他们来店。

最后，将这些顾客培养成为“忠诚顾客”（fan）。

这就是餐饮店营销的基本步骤。实际上，餐饮店和其他行业之间几乎没什么不同。

只不过，以往在餐饮店中，“市场营销”这一概念尚不存在。

虽然一部分知名连锁餐饮店进行的传单制作和电视广告推广属于“市场营销”，但中小型餐饮店则认为这与自己没什么关系。

然而，市场营销绝不仅仅是传单和电视广告而已。

如果将前文的定义用更简单易懂的语言表述的话，即“如何以较低的成本令顾客知晓店铺的存在并能够来店消费”。

最近这也成为了餐饮行业热烈讨论的话题。但是，在其他行业，这一概念早在30年前就已经成为普遍的思考方式了。

因此，“餐饮店的市场营销比其他行业晚了足有30年”。

直到最近，餐饮行业一直呈现欣欣向荣的增长势头。正如前文所述，餐饮行业一直持续着“无论做什么都能热卖”的时代。

所以，即便是没有意识到市场营销的重要性等也无关紧要。因为只要在郊外有一家较大的店铺就行了。

可是，如今已经不再是这种情况了。不过，请大家不必过虑。这只不过是说，其他行业的大量生产、大量销售的时代在30年前就已告结束，而餐饮行业是直到最近才刚刚正式完结而已。

因而，只要马上学习其他行业的成功案例，并将之运用到餐饮店的经营中即可。现在开始还为时不晚，而且，现在就开始的话，会比其他餐饮店领先一步。

请赶紧行动起来。因为大家都已经开始意识到这一点了。请尽早开始学习并实践餐饮店的市场营销吧。

▲市场营销的基本流程▼

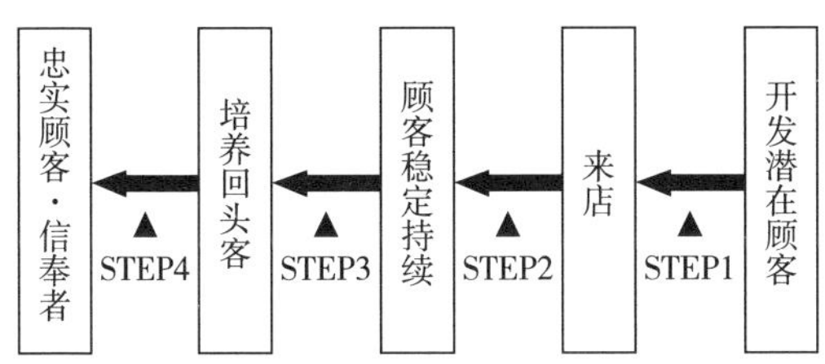

集客的核心是如何让更多的人“注意”到店铺

说是市场营销，但集客手段究竟有多少呢？

实际上，不仅是餐饮店，所有店铺销售的集客方法都是有限的。

传单、媒体、店铺·招牌、店外文案，以及作为新兴方法的利用网络的方法。

粗略列举一下，也就只有这么多类别。其他的方法也只是在这些类别中进行细分的而已。

不过，大家知道“AIDMA（爱德玛）法则”吗？

AIDMA 法则是将消费者购买商品及服务的心理过程按首字母进行排列后命名的。

A = Attention ……注意

I = Interest ……兴趣

D = Desire ……消费欲望

M = Memory ……记忆

A = Action ……行动

也就是说，注意到某一事物，并对其产生兴趣。然后逐渐变得想要获得，打算购买。最后由于某一契机进行购买。

在顾客光顾餐饮店的心理过程中，也会发生与上述完全相同的变化。

首先，一开始是注意到店铺的存在。

“在传单或书上看到了这家店”，或是“曾经开车路过这家店”“店员在人行道跟我搭过话”，抑或是“在网上看到了这家店的广告”……

由于以上这些契机而“注意”到了这家店。接下来顾客会对店铺产生兴趣，觉得“啊，看起来好像很有趣”。

于是，顾客开始想要去一次试试看。在这个阶段，比如顾客手里有优惠券，上面写着“仅限前30名来店的顾客使用”等的话，顾客可能就会想“约上○○朋友一起去尝尝吧”，并光临店铺。

大家认为，在顾客采取实际行动之前的一系列流程中，最重要的是什么呢？

是的。就是最开始的“注意”阶段。如果顾客没有“注意”到这家店，之后的所有事情就都不会发生。从“注意”到店铺开始，每进展到下一阶段，人数都会逐渐减少。因此，

“如何增加‘注意’阶段的顾客人数”

这是集客的最重要的要点。

知名企业之所以会花费数亿日元来投放电视广告等就是因为这个要点。

也就是说，“令顾客‘注意’到的机会越多，店铺就会拥有越多潜在的来店机会”。

因此，所谓“集客”，就是为了尽可能多地给至今尚不知晓店铺存在的人，或是差不多快要忘记店铺存在的人“注意”到店铺的机会，而实施的一系列措施。另外，令顾客认为店铺“看起来很有趣”，对店铺产生兴趣，趁顾客仍对店铺留有记忆的阶段，利用一些跟进措施或优惠来制造契机，激起顾客来店的行动欲望。

STEP1 开发潜在顾客

郊外店铺的集客要点是“店铺设计”和“便利性”

“一家开在乡下的猪排专营店自开业之日起就天天宾客爆满！”大家以前都曾听闻过这类事情吧。

七八年前，这一现象被称为“地方的猪排热”。

一家座席不足 100 的猪排专营店，月营业额可达 2000 万日元以上，这种情况也已是司空见惯。其中有些店铺甚至创造过月营业额超 3000 万日元的纪录，当时可谓是“猪排泡沫经济”时代。

那么，为什么会出现这种情况呢？

是因为在此之前，从没有过猪排专营店吗？

还是因为，猪排确实超乎寻常地好吃呢？（quality）

抑或是因为，该店能提供给顾客最完美的服务呢？（service）

是因为店铺清扫得十分干净整洁吗？（cleanliness）

这家猪排店确实对面包粉和猪肉的甄选非常严格，所以该店的里脊猪排套餐虽然售价为1300日元，依然卖得非常火。

另外，在服务和店铺保洁方面也能按照规定认真执行，令顾客用餐非常愉快。

然而，正如我们在前文所述，“Q·S·C”的水平高并不能保证店铺盈利。实际上，该店经营神话的出现并不仅仅是由于以上原因。

创造该店经营神话的，是该店铺的设计非常吸引人，能令顾客联想到在此用餐会品尝到美味佳肴，且能享受到良好的就餐环境。另外，还有一点就是该店的交通便利性。

所谓交通便利性，是指店铺所处的地段即使开车前往也很方便，另外，还有停车场很大、停车位充足等店铺的格局。

也就是说，该店铺成功最主要的因素就是店铺设计在满足顾客

1. 安全需求
2. 爱·归属感需求

这两点上做得非常出色。

即通过在顾客的生活领域内修建外形奇特的建筑物（没见过的大箱子），激起顾客的好奇心，且这个箱子的设计拥有满足这一好奇心的魅力。进而，还拥有交通方面的便利性，让顾客感受到去该店用餐能受到店员满怀热情的接待，能与家人和朋

友一起在此度过欢乐的时光。

实际上是通过餐饮这一形式，打造出了所谓的“休闲娱乐设施”。

我敢肯定，这就是该店成为当地超级旺铺的最主要原因。

因此，在地方城市建设郊外餐饮店时，在集客方面最应予以重视的就是“店铺设计”和“交通便利性”。

再补充一句，以经营午餐为主的店铺，确实必须考虑的是，看起来很好吃的店铺和招牌，以及便利的地段。

而如果是以经营晚餐为主的店铺，则可视性是最重要的，必须远远地就能令顾客看到“好大的一家店啊”。

这是地方城市郊外餐饮店集客时最重要的一点。

不过，目前大型连锁餐饮集团也都采用了这一标准，需求和供给也开始逐渐趋于平衡，要想创造出像过去那种超级繁盛的店铺也越来越困难了。

如果采用这一方法，那么可以说，选择至今尚未有餐饮店进入的地点来实施比较明智。

STEP1 开发潜在顾客

餐饮店发传单有无必要？鲜为人知的传单的真正效果

关于传单，我被问过最多次的问题就是下面两个：

“老师，那家店每个月肯定会向顾客派发一次折在报纸里的折页传单，这样做真的有效果吗？”

“我们店也把传单夹在报纸里发给顾客的话，就能赚钱了吧？”

还有的会再追问一句：

“我们发过好多次传单了。一开始还有些效果，但发了两三次后效果就变小了，成本与效果相比很不划算。”

这些问题全都是以传单没有必要这一看法为前提提出来的。

但是，传单真的没有必要吗？

确实，夹在报纸里的折页传单需要花费一定的费用。

比如：如果制作彩页的折页传单，贵一点的甚至花费会达到每张 10 日元左右，如果要派发 5 万张传单，需要花费的总金额则在 50 万日元左右，再加上制作费用等，全部费用约 60 万日元。

若将这一数值换算计入一家餐饮店的成本，则成本比例为 33% 的店铺必须使营业额提高 90 万日元才能够勉强回本。

如果是一家人均单价为 1000 日元的店铺，则必须有 900 名客人来店消费。因此，传单的反馈率必须达到 1.8% 以上。

按照这一计算方法，一家营业额不到 500 万日元的店铺想要通过花钱派发传单产生直接的盈利效果根本无望。

但是，即便如此，就能证明不做报纸折页传单更好吗？

在这里，请大家再认真考虑一下。

无论规模多小的店铺，都会派发开业的通知宣传单吧，即便是派发这种传单本身不会带来直接的收益效果。

那么，这么做的意义何在呢？

“因为就算现在没有什么效果，但即使店铺赤字，也必须让顾客知道店铺的存在，这才是最重要的。”

也许，就是因为这样的理由吧。这样一来，“让当地居民知道这家店铺”的目的就达成了。

所以，从长远的眼光来看，应当判断为“有效果”。

我想说的就是这个。

也就是说，必须有“明确的目的”。

必须搞清楚发传单是为了产生直接利益，还是以未来盈利为目的，然后再派发传单。

只要搞清楚这一点，传单在多数情况下还是有效果的。

比如：

- 让当地居民知晓店铺
- 建立沟通交流平台（聚集有共同价值观的人）
- 对菜单、菜品的更新进行通知
- 为使顾客知晓店内的经营策略而进行通知

之后，就能够在这种与潜在顾客长年的接触和交往中获利。

只要有了这种店铺发展的愿景和蓝图，那么平时派发传单就会与新店开张时派发的传单有同样大的意义和效果。

所以，报纸折页传单除了考虑其自身的直接效果外，还应在考虑到其在店铺的年度经营中，甚至整个店铺经营过程中的效果的基础上判断是否该派发。

而如果该愿景和蓝图中具有“盈利”这一目的，则可判断传单派发有效。

STEP1 开发潜在顾客

必备“盈利传单”的基本形式

下面要向大家讲解的知识是餐饮店经营基础中的基础——传单的形式（类型）。

首先，要设定最重要的一点——传单的“目的”。

比如：派发传单的目的是“吸引那些虽然知晓店铺的存在，但尚未来店消费的顾客来店品尝”（开发试吃顾客）。

1. 广告宣传语

首先是广告宣传语。

广告宣传语的作用是“吸引”顾客阅读传单。

因此，极端地说，即使宣传语与传单的内容稍有出入也无妨。甚至可以说，或许这种宣传语反而更为有效。

诀窍就是，营造“专门为您”的感觉，分别针对每位顾客个体进行宣传和推销。

接着，让顾客想象出自己来店之后能够获得的好处（利益）。请尽量写出具体的数字。

另外，还可以使用“不断地”或“越来越”等词语。

2. 题目

写上具体的商品名称及服务内容。这部分也要和宣传语一样，写出顾客能够获得的好处和利益（尽可能使用不同的表现方法）。

3. 商品·服务

接下来，对商品及服务进行具体的说明。但是，如果直接进行说明的话，就会令顾客产生推销的印象。

首先，应写一些对顾客的问候。比如：“妈妈们，每天操持家务、抚养孩子，您辛苦了！”等等。

4. 烦心事和快乐事

提出一些顾客的烦心事或是备感快乐的事。

常言道，人在展开行动时（花钱时），要么是在想要解决某些烦心事的时候，要么就是想要获得快感的时候。

5. 烦心事的解决办法 or 获得快感的方法

向顾客明确表示：在你的店铺里，有 4 中提到的烦心事的解决办法及获得快感的方法，而且顾客只要来店消费，就能够获得。

6. 根据

向顾客展示证据，证明本店确实有5中提到的方法。

权威人士的推荐及店铺以往的业绩等内容正符合这一要求。

比如：如果店铺有一些杂志上登载的报道，或是名人、明星光顾等这类事实新闻，那就会更具有说服力和可信度。"顾客感言"也很有效。

7. 热情邀请

在这部分，要加一些介绍商品及服务的获得方法的内容，或是能够进一步助推那些还在犹豫的顾客的话语（一定要让顾客确信来店消费绝对不会令他失望。如果顾客还缺乏信心，那么该传单失败的可能性就很高）。

具体地说，可写明"限时优惠"或是"数量有限"。另外，请明确标注"先到先得"。

8. 实物

在这部分，要向顾客展示商品及服务的实物。即便是看不见的服务，也应尽可能地利用照片、插图等手段使之更为直观和形象。

9. 商品说明

在8的下方插入一些解说（说明文字）。其窍门在于，尽可能地从细微处着眼（平时不易发现的细节），由小及大地对整体进行说明。

最好采用能令顾客逐渐看清商品及服务全貌的书写方式。

10. 店铺信息

写上店名、地址、电话号码、URL（网址）、店铺地图、休息日、营业时间。

11. 商家优惠

写上店家有哪些优惠。

比如：菜品代金券 20% 折扣券或 1000 日元抵值券，另外还有生日当天赠送蛋糕、礼物等。

不过，我对于商家优惠部分还想再详细地探讨一下。

首先，商家优惠的第一个目的就是建立测定效果时的标准。应派发多少张传单、能引起顾客多大的反响、能对营业额做出多大贡献。商家优惠在预测这些问题时是极为重要的。因此，看到传单才来店消费的顾客都必须随身携带传单，否则就毫无意义。所以，传单最后必须附加一句“请务必带此传单来店消费”“来店消费时请声明已看到该传单”等。

第二个目的则是，给那些如果没有优惠就不再来店消费的顾客赋予新的来店动机。

12. LOGO、其他信息

如果有店铺 LOGO 或是店主的肖像漫画等信息，也要登载到传单上。

以上内容就是传单的基本形式和内容。请依照这一形式来构思自己店铺的传单。

另外，必须进行效果测定，检验用多少投资能够获得多大的利益，或是否产生赤字。

请各位继续努力摸索，如何才能使传单更有针对性的效果。

▲“盈利传单”的形式以及运用此方法制作的海报▼

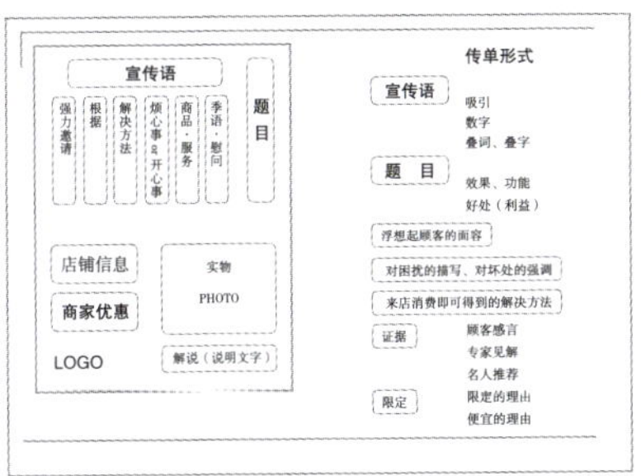

海报成功案例①——“Cézanne（塞尚）”（岩手县盛冈市）

创造奇迹的海报

能“感动”顾客的海报，冲击力十分强烈。
那么，如何才能做出令顾客感动的海报呢？

▶参考成本……1800 日元　▶成本比例……33%　▶营业额提升率……30%

“梦想”“困难”“不放弃”→直至“成功”。因此“牵念多年的意大利面终于制作成功”

此处是该海报最大的 USP。通过展示制作过程，向顾客传递菜品开发者在开发过程中所花费的心思。

无论酱汁多好吃，如果配料不足，就会让顾客感觉“量少、不值”。真正显得高级的部分要手工制作，酱汁较为廉价，将节省下来的金额相应地在原材料上多花费一些。

当我被问到“您至今看过的最棒的海报是什么？”时，我都会举这个海报为例。

平时经常能够吃到的苹果，经过这样的处理，就能够品尝到不同的美味（所谓糖渍苹果就是用红酒和砂糖熬煮，即红酒煮水果。本品中加入了香草面包，增加其分量感）。

『松本老师，我在新宿品尝过您的虾酱奶油沙司意大利面，真是令人难忘的美味啊。能教给我们做法吗？』

Cézanne（塞尚）的社长如此对我请求道。

『社长，没问题。但是这道菜非常地费时费力，您能接受吗？您的员工的工作态度、人工费、材料费、技术等方面都有保证吗？』

『解决这些方面的问题和困难不正是你们咨询师的工作吗？』

『请别这么说，太难为人了……』

三个月之后，我们终于解决了所有问题，正式开始推出这道菜品了。

『老师，您的销售方式太棒了。1 天就能卖出去 30 份左右。全都是在海报上介绍的菜品，卖得特别火……』

目前，在盛冈市，一个夏天就能创造 1200 万日元营业额的意大利餐厅就只有 Cézanne（塞尚）这一家。

打响这次快速战第一枪的正是这个海报。

这张海报上介绍的菜品竟然占店铺总营业额的 30%之多。人均价位也提高了 100 日元。

海报宣传单的威力真是惊人。

下面，我就告诉给大家这个海报的秘密。

其具有如此威力的原因即在于，以『感动』为主题。

我曾有过梦想，但是我知道梦想遥不可及。专业人士也曾告诉我不是那块料。但即便如此，我仍没有放弃，不懈地努力着，历尽千辛万苦，终于实现了梦想。这样的故事能令人『感动』。

这样的故事真实存在。因此，我们就直接将其搬上了海报。

我以前一直都知道，『感动』就是『让人哭泣』『让人欢笑』『让人惊讶』这三种类型。

在这次的海报宣传单中，我认为可以利用能马上『让人哭泣』这一特点，逐步引出『梦想』（终有一天我一定要推出这款意大利面）、『艰辛历程』（解决了成本、人工费、技术问题）→菜品终于完成。

为了将这些信息传达给消费者，要表现出在实际中费劲心力的『技术层面』和『人工费用』（菜品开发如此艰难，人工费用自然很高）这两方面的菜品制作过程，因此我将之刊登在了海报中。

于是，不出所料，点这道菜的顾客蜂拥而至，菜品开发获得了极大成功。

在这张海报中，还有一道菜卖得『极其火爆』。这道菜就是『红酒煮苹果 & 香草面包』。

说到盛冈市，众所周知那里盛产苹果。在这样的地域能卖得出去苹果吗？我不顾这一意见，将这道菜品也卖得有声有色。

关于这个问题，因为我还知道『地产地销』的法则，所以能够轻松地令这道菜品热卖。

虽然说『地产地销』，但要想临海卖鱼卖得好，靠山卖山野菜和肉类卖得多，其窍门就在于提供给顾客不同于以往的食用方法。这样一定能够热卖。

海报成功案例②——“Cézanne（塞尚）”（岩手县盛冈市）

“哇～感觉好贵～”不过或许其实很实惠？“惊喜”＝必须“出乎意料”

在使用高级食材的同时降低成本的秘籍

这款松露虽然1kg就要5000日元，但仔细想来，也就是1g=5日元，5g也仅25日元。所以，是可以充分利用的高级食材。

即使加入了高级食材也没关系

鹅肝1kg的价格接近6000日元，因此加入10g鹅肝就要花费60日元的成本，然而在烹饪过程中需要溶入酱汁中。为了弥补这一缺陷，将鹅肝刊登在这里，告知顾客。

加入马尔萨拉酒，提升料理的酸甜味道。马尔萨拉酒与鹅肝的味道特别搭配，能创造出令人感动的美味。

米莫莱特（Mimolette）这款奶酪是法国人最喜爱的奶酪之一，为贵族专用的高级食材。

『社长，法式料理之所以能做出口味醇厚的炖煮牛肉，是因为汤料中加入了鹅肝和松露。加入了这两种底料，菜品美味程度会大幅提高。请一定在您的菜品中加进去！』

『老师，我们可以加进松露，因为客人们一眼就能看到，但加鹅肝的话，1kg 就需要花费 6000 日元以上，不仅如此，放进去之后鹅肝还会融化在汤汁中，客人们根本看不到，能不能不放啊？』

『不行啊，社长。这样的话，不仅菜品的美味无法得以充分体现，而且也无法表现出菜品的出乎意料之感。不如干脆就放进去，融化就融化，然后把鹅肝的照片刊登在海报广告上。然后再搭配上与鹅肝极致搭配的富有高级感的马尔萨拉酒。』

以上就是我与 C é zanne（塞尚）意式餐厅的问答过程。而最后这张海报也确实效果极好。

卖得特别好的是鹅肝松露意大利面以及其左下方使用了米莫莱特（Mimolette）奶酪的香蒜辣椒意大利面。

菜品中使用的米莫莱特（Mimolette）奶酪就是日本前首相森喜朗曾经说过的从时任首相的小泉那里收到了『一份干透了的奶酪』，并一度引发热议成为话题的那款奶酪。

这款奶酪也是高级品，1kg 价格约合 3000 日元以上。但在本菜品中仅使用了 10g，折合成本约为 30 日元。如此算来还是可以使用的。

这次的海报宣传单就是以『使用了以往认为原材料单价较高一直难以取舍的食材，并将成本控制在合理范围内，最终推出了充满魅力的菜品』为主题制作的，结果证明，效果颇佳。

这样一来，顾客的心理感受就会变成能够以合适的价格品尝到高级菜的『超值』感觉，以及认为『机会难得，去尝尝看吧』，对菜品充满好奇。

接下来就让我们对这款『蘑菇牛肉酱意大利面 鹅肝配松露风味 1280 日元』进行五感检验。

首先是味觉，这款意面的酱是用牛肉块文火炖煮到碎烂制成的肉酱。因为使用的不是肉馅而是牛胫肉肉块，所以牛肉的美味能够充分体现出来。因此是一款独一无二的肉酱。

嗅觉方面，在菜品上浇上马尔萨拉酒并点燃，酒的酸甜香气会刺激食欲。这款马尔萨拉酒与鹅肝特别搭配，因此还能够提升鹅肝自身的风味和口感。

松露也是香气的王者。这款意面融合了松露和鹅肝这世界三大珍馐美味中的两种，让二者相辅相成。松露的香气是决胜关键。

从视觉外观来看虽然卖相平凡，但菜品上撒满的松露碎片能够演绎出豪华之感。

口感方面料足，味醇的肉酱混合在意面之中，使意面充满了独特的浓厚口感。

海报的内容也强调了店方将高级食材通过精心搭配，成功打造出了这款味美价廉的菜品，结果自然能够使该款商品热卖。

口碑不是“自然产生的”而是“主动营造的”

大家知道“口碑”是如何产生的吗？

口碑即发生了某件奇特的、吸引人的事情，而经历了这件事的人将之转述给周围其他人的过程。

这样的情况不断且连续发生，结果就会导致很多人知道这件事。

这是普遍认为的口碑的产生过程。

或许，你会认为口碑是自然产生的吧？认为口碑是周围的人再转述给周围的人，使传闻逐渐扩散开来的。

这真是大错特错。

口碑不是“自然产生的”，而是“主动营造的”。

而且，口碑并不是一点点逐渐扩散开来的，而是通过少数被称为“口碑领导者”的核心人物一下子扩散和传播出去的。

请大家回忆一下前文讲述的“‘Taverna Verde’的反转剧”的案例。

诚然，所谓口碑，按字面意思，是借人之“口”进行的交流沟通，所以“人对人”传播是最基本的。所以，当然也应该有一个逐渐扩散传播的情况。

但是，实际上，绝大多数情况下口碑仍是以某个人为核心，面向特定的或是不特定的多数人进行的信息传播。

比如：成吉思汗热潮[①]。

最初是由于最近的BSE[②]的影响，导致国内不再进口美国产牛肉，烤肉店为了创造营业额，推出了原材料价格低廉的羊羔肉，开始售卖烤羊肉。

看到了这一现象的一部分“幕后推手”认为“这个不错”，于是一举创造了这次热潮。

说起这次热潮创造者的推手们，他们真的是努力进行了大规模的商务宣传，连化妆品广告都甘拜下风，最终一举推动了这次热潮。

结果，直到现在，在一些地方的商业街上仍随处可见闪烁着“成吉思汗”文字的霓虹招牌。

“好吃”“服务优质”，像这样“自然而然地”流传出良好的口碑，然后逐渐扩散出去。这也许是你所认为的口碑。然而事实并非如此。

大多数的情况下，口碑是具备了“独一无二、难得一见的特点”（USP）之后，以“一部分人”为核心，“有意地、主动地”营造出来的。

① 译者注：指涮羊肉、烤羊肉等羊肉料理热潮。因为在日语中烤羊肉被称作“成吉思汗烤肉”。

② 译者注：疯牛病。

掀起热潮的“口碑三大神器”

下面，向大家说明一下口碑的必要要素。

我将之命名为“口碑三大神器”，是口碑必须具备的条件。

【口碑三大神器】

1.“USP”及能对其进行总结的宣传语（“圣经”）
2.“口碑领导者”（散播者）
3.“宣传活动”

关于1“USP”已经在前文中解释过。

下面，我要围绕将“USP”补充完整的“圣经”加以说明。

所谓“圣经”在这里指的是对“USP”进行详细说明的“使用说明书”。

比如：能向顾客表述出店铺自身经营理念的内容，以及能表达店方珍视顾客的内容、记录了店铺创立契机和发展的内容，或者是记载了店主执着追求的一道菜品的热忱等内容。

特别是要将“USP”的内容完整无遗地向顾客传达，这点非常重要。“圣经”的样式多种多样，可以是名片大小或折叠广告形式的，或者是小册子等。

在这部分，要饱含感情地书写相关内容。

有时根据情况，店铺的菜单也可以作为“圣经”使用。

▲菜单也可以作为“圣经”▼

蔬菜的美味在于什么？
说到蔬菜的美味，就不能避开季节性。
日本四季分明，各个季节都有时令蔬菜，每个季节的时鲜蔬菜不尽相同。
为感谢日本四季分明的“季节”特质，我店特甄选各个季节的时令蔬菜制作菜品。
虽说是理所当然之事，但我店一直致力于充分利用大自然的馈赠。

蔬菜的美味在于什么？
在打造这款菜品之际……
“你还是别当厨师了！”
在刚开始开发这款菜品时，店主如此对我说。店主看穿了我一味想要依赖以往制作菜品的经验的打算。确实，以前的菜品卖得不错。但是，好汉不提当年勇。现在我们必须做的是创造“新的美味”“新的感动”。现在，我们要舍弃以往的一切，以全新的态度每天思考如何打造出“能令顾客感到喜悦的菜品”。这才是对一直支持我们的顾客们的回馈，是我们肩负的使命。这次我们打造的菜品属于“Cucina Naturale 意大利料理”，翻译成汉语就是“自然派意大利料理”。充分体现食材的新鲜，使用“健康蔬菜”和“新鲜鱼贝类”打造能“最大限度保留食物的原味”的菜品。作为新品尝试，我们还推出了“珐琅铸铁锅料理”。将食材放入珐琅铸铁锅（荷兰锅）进行蒸烤，能防止食材营养成分和美味的流失。是我的得意之作。敬请品尝，尽享食物的原汁原味。

菜品开发负责人携全体员工敬上

Cucina Naturale al Hurimo

Verdura

“蔬菜居然会如此美味吗？”
这是我第一次品尝到这道菜时的感受。
将蔬菜用珐琅铸铁锅（荷兰锅）进行蒸烤，这种料理方式我从未尝试过。
而尝试过之后就会惊喜地发现“蔬菜的味道发生了变化”。
之后我就被这种料理方式迷住了。
“能令蔬菜好吃10倍的食用方法”正是这个。我再也离不开这款铸铁锅料理了。

保留蔬菜的原汁原味……“自然派意式料理”的代名词。
“Bagna”意为“锅”，“c à uda”意为“热”。
这道菜是将用凤尾鱼和大蒜制作的酱汁放在“热锅”里加热，再因应季节选择时令蔬菜，蘸着热酱生食。
可以说正是体现了“自然派意式料理”其名的一道菜。
请尽情品尝自然的馈赠。

接下来对2“口碑领导者”做以说明。

所谓“口碑领导者”，直译过来就是“传播者”，也就是指扩散传闻的那些人。

在“领导者”中，可以大致分为两种。第一种是在顾客中可以称作是“信徒”的那类超级熟客。

而第二种则是被称为宣传媒介的电视、广播、报纸、杂志等媒体。这种口碑传播方式是利用媒体，面向不特定的人群发送信息。

关于媒体作战，我们会在后续的内容中详细介绍，这种方式一旦取得成功，就能够获得极强的集客效果。

最后是3“宣传活动”。所谓“宣传活动”，是指“商业宣传”。

宣传活动分为两种情况：一种是通过“信徒”（超级熟客）建立的“社团”，举办一些红酒品评会或料理课堂等；另一种是通过媒体大张旗鼓地举办一些庆典或展销会等。

无论是哪种情况，创造一个能令“口碑领导者”更易于传播和扩散信息的环境都是最为重要的。

所有宣传活动都要与“圣经”的主题和内容相一致。

STEP1 开发潜在顾客

利用媒体进行集客

〈免费利用媒体进行集客的秘诀〉

看了杂志和电视，估计任谁都曾作如是想：

“啊，要是能让媒体大力宣传我们店‘特别好吃’就好了……”

在依靠口碑集客的方法中，最行之有效的就是这个“媒体集客法”了。

这一方法也是不用花费任何广告费用就能“免费”获得大力宣传的方法，因此该方法一旦成功就会格外令人振奋。

所谓媒体，其意义就是“利用电视、广播、报纸、杂志等大型媒介，一次性地向广大群众散播、传达信息”。利用这一方式进行的宣传效果，威力十分强大。

但是，理所当然地，要想利用媒体打广告，大多数情况下就需要花费巨额费用，从费用效果比的方面来看，并不是最合适的办法。

因此，我要向大家介绍几种不需要花费费用，而又能利用媒体进行集客的方法。

首先，第一种方法是以“新闻公告”为名，由店方向媒体发送信息。

如果这样就能顺利地获得在节目中被介绍或者被在新闻上报道的机会当然最好，但世事并不总是那么简单。

万事都有对象，如果这件事不能对“对方”有好处或“利益”，那么就不会为对方所接受。

那么，媒体方面能获得的利益又是什么呢？

媒体方面能获得的利益就是“能给观众及读者带来好处的信息”。

因为能给观众和读者带来好处，就会进而给媒体带来利益和好处。

通常，媒体在制作电视节目或新闻报道时，都会设计一个“○○特集”或“时事信息”的板块范围。

因此，店方发送的新闻报道内容必须与这一板块范围的主题相一致。

所以，应事先与负责人取得联系，掌握特集的内容。

或者如果感觉有一定困难，可以查询一下目标媒体过去的节目内容或是往期刊物等，设想一个大致的特集内容。然后再从中挑选出几类比较可行的信息，提供给媒体。这种方式通常较为有效。

在写报道时必须注意的是，内容不能完全是对自家店铺的宣传。

归根结底，“能给观众和读者带来好处”才是最重要的。如果报道内容全都是对自家店铺的自吹自擂，或大部分都是对观众和读者没什么用处的信息，则不会被媒体采纳。

夸张一点也不为过，请一定要提供能让观众和读者兴奋的信息。

一般来说，“新闻公告”要简洁，而商品和服务的特点、具体内容、价格、数据等要用说明文字进行书写。

如果想要阅读、参考报道案例，可参照大型餐饮连锁店主页上的“新闻公告”栏。

另外，如果是邮寄新闻报道的话，可同时邮寄写给负责人的问候书信。

如果知道阅信者的具体姓名，则应首先写上对方的姓名，以“○○先生/女士，您好”作为信件开头。

其次，必须有的东西是照片。能说明信息内容的照片绝对有必要。按照前文介绍的方法，尽可能拍摄让内容更加简明易懂的照片。

再次，不仅要有商品照片，如果可以，最好还同时附上店铺的照片。附上店内外环境的照片或是店内顾客欢声笑语的照片效果更好。

纸质照片最好同时附上电子版数据。如果打印出来的照片上还能附加一些解说（说明文字）就更棒了。

当然，还应添加上店铺地址、电话、URL、营业时间、休息日、座位数、是否需要预约等信息。

另外，不要忘记地图。这一项最好也附加上电子版数据。

总之，最重要的是应注意始终以对方的便利为首要目标。

如果已经知道了收件方的姓名，则应写上对方姓名；如果不知道对方姓名，写上“○○栏目负责人”即可。

最后，还要再叮嘱大家一句，建议大家随信附上食品代金券。

在我的委托人之中，有一家店就按照这种方式寄送了新闻公告，且非常幸运地被三家杂志刊登了报道，一举获得了极佳的集客效果。

在集客方式上，我认为这种“广告宣传活动”远比派发传单的效果要好。

如果失败了就再重头开始积极地去挑战和尝试。

▲向媒体寄送新闻公告的实例▼

新闻公告
（新闻报道相关的各位工作人员）

2006 年 10 月 06 日

■■■栏目负责人

今冬的大热概念绝对是“火锅”。
一次品尝汤豆腐和涮涮锅两种风味，一锅四吃的“又次郎汤豆腐”

豆腐制法得到了新宿高岛屋每天仅售三次、每次 10 分钟即告售罄的“成田屋丈卫门”亲传，汤豆腐即采用此种古法制成的刚出锅新鲜豆腐。
汤汁采用从大正 14 年创建的京都老字号鲣鱼干批发商“福岛鲣鱼”处进货的一级汤底。这款“终极汤豆腐”作为涮涮锅的前奏，让顾客品尝。

今年下半年直至明年的流行趋势绝对是“火锅料理”。
而且“肉类”的火锅料理估计会引领今年上半年的风潮。
主打是“涮涮锅”。虽然寿喜烧和韩式铁板烧也很流行，但最终的主打仍属涮涮锅。

今秋于神保町隆重开业的“神保町 BAL”推出了“又次郎汤豆腐”，带给顾客“四大惊喜”，令顾客能进一步享受涮涮锅的“火锅”魅力。
1. 首先让顾客品尝使用选材上佳的豆腐和高汤汤底制作的汤豆腐。
2. 然后用芝麻菜、白芹等西洋蔬菜和牛蒡、萝卜等日式蔬菜下火锅，品尝涮涮锅。
3. 接着就可以涮肉，牛肉自不必说，还可以涮稍加烤制的鸭肉和黑猪肉，甚至连内脏都能下涮涮锅。
4. 最后下入挂面，煮成杂烩面食用收官。
一锅四吃的美味“又次郎汤豆腐”于 11 月 29 日在神保町隆重开业。
本次将于 12 月 7 日在■■■■举办开业酬宾活动。
如您有时间前往，请填写随信附上的邀请函并寄回。

■火锅店“BAL”　　■ 预计人均价位 3200 日元
■于 11 月 29 日开业 营业时间 午餐 11:00~14:30 晚餐 17:00~23:00 周日、节假日休息
■地址　　■ 无停车场、可刷卡

【新闻报道相关问题及信息如下】

店名“BAL”
负责人 ■■■■
手机号码（24 小时接听）
电话号码■■■■■ FAX ■■■■■
地址 ■■■■■
http:// ■■■■■■■
mail：■■■■■■■

【相关企业】
PREMS 有限公司
菜品开发咨询师　松本和彦
http://www.1menu.jp
E-mail：kmatsumoto@k3.dion.ne.jp

STEP1 开发潜在顾客

与其屈居人后，不如先人一步！利用Web的集客法

“餐饮店在集客时是如何利用Web的呢？”

估计很多人都抱有如此疑问。

Web与餐饮店生意之间，是否存在一定的关系呢？

另外，如果确实有关的话，那么如何才能利用Web使餐饮店的生意更加红火呢？

下面，我们就来谈一谈利用Web进行集客的方法。

利用Web进行集客的方法大致可以分为两种。

方法1，利用主页

方法2，利用邮件

如果能够分别或者结合使用这两种方法，就能够更进一步发挥各自的作用，甚至发挥出几十倍的威力。

【利用主页的集客法】

首先，关于主页（以下简称HP），有以下两种利用方法。

第一种是利用自己制作的店铺主页。另一种是利用以“GURUNAVI”等为代表的美食推荐网站的主页。

要想充分利用自己制作的店铺主页，其要点在于如何让潜在顾客发现店铺自身的 USP。

在利用 HP 进行集客的方式中，最基本的要求是顾客必须能检索到店铺信息。因此，应尽可能多地在各种板块及位置展示自家店铺。

另外，潜在顾客通常会根据自己需要的信息，输入相关的关键字进行检索，并浏览由关键字检索出来的网站，来决定去哪家餐厅用餐。因此，店铺主页位于检索结果页面上的哪个位置，会对集客效果产生巨大的影响。

当然，如果店铺简介位于检索页面的最上方，就能够最先被顾客浏览到。另外，如果能在检索结果页面上多次出现，则被点击的可能性就会增加。

这种能够提高店铺的被检索率的方式被称为“SEO 对策”[①]。

下面，我们再来重新梳理一下这种方法的注意事项。

使用这种方法时，最重要的就是如何将店铺与搜索关键词联系在一起，或者说，即便消费者在查询其他毫不相干的信息时，是否依然能够尽可能地吸引住消费者的目光。

比如：假设有一位潜在顾客“想要筹办婚礼后的二次宴请，不知道有没有什么较好的店”。

---

① 译者注：SEO（Search Engine Optimization），搜索引擎优化，是一种利用搜索引擎的搜索规则来提高目的网站在有关搜索引擎内的排名的方式。

这时，假设该顾客输入“东京 婚礼 二次宴请”这几个关键词进行了检索。

如果在检索结果页面的首页出现了你经营店铺的店名，并且检索排名靠前的话，那么这位顾客来店消费的概率就会很高。

估计你的店铺接受到预约的概率甚至会是出现在检索页面第2页、第3页的店铺的5~10倍。

仅仅是这么微不足道的一件事，做与不做之间就会使结果产生如此巨大的差异。

我曾在某家店铺的HP上，利用上述方式对其登载的关键词进行了更改和尝试，结果仅仅一天就接受到了10桌预约。

在这里，我还要列举一个事例，该事例能够说明在前文提到的“即便消费者在查询其他毫不相干的信息时，也要尽可能地吸引住消费者的目光”的问题。

假设某位潜在顾客想要去美容店消费，于是就在网络上进行了查询。

比如：该顾客按照“千叶县 美容店”的关键词进行了检索，结果检索到了大量的美容店信息。

但是，假设这位顾客却在其中留意到了“让您在正午时光一边享受庭院的美景，一边悠闲享用午餐的意大利料理”这段文字信息。

虽然乍一看，顾客或许会认为这一信息毫不相干，但这一信息却会在不经意间发挥出其作用。

为什么这么说呢?

这是因为，会去光顾比较时尚、有品位的美容店的顾客群体，和会在意大利餐厅享用美好午餐的顾客群体几乎是一致的。

因此，只要该店铺信息具有激起顾客兴趣的“USP”，就会在顾客的记忆中留下“等哪天一定要去这家店试试看”的潜意识。

而且，在该顾客与朋友、同事聚会时，就会提起“我知道一家很棒的店，一起去试试如何”的话题。

实际上，我也曾与美容店合作，互相在对方 HP 上打过广告。结果发现其中有不少店铺的来店顾客人数获得了成倍增长。

接下来，笔者将围绕以“GURUNAVI”为代表的美食信息网站制作的 HP 进行说明。

“GURUNAVI”是目前以城市为中心的日本规模最大的美食信息网站。

该网站的基本利用方式是，在“GURUNAVI”门户网站的检索条目中，点击地区和类别（意大利料理、日式料理等）以及特点（隐屋或包间）等检索条件对目标店铺进行检索。很多登陆到该网站的店铺营业额都获得了极大提升。

其理由可以简单地归结为，利用“GURUNAVI”网站检索店铺的顾客人数众多，而在普通的搜索引擎上输入关键词后，会有很多“GURUNAVI”网站中的店铺主页直接出现在搜索结果页面上，这一点也是使这些店铺营业额提高的理由之一。

制作店铺 HP 时，既可以利用“GURUNAVI”网站页面上的固定模板对自己店铺的信息进行编辑，也可以依照其原型（雏形）自主进行信息录入，因此，不擅长电脑编辑的人也可以简单地操作。

在地方也有不少类似的网站。因此，最好尽可能利用该地区较具影响力的网站。这样一来，HP 就能够作为“集客引擎”发挥出极大的作用。

下面向大家介绍几种有效的“GURUNAVI”网站使用方法。

1. 首先，应尽可能多地参与各种企划活动。特别是“GURUNAVI”推出的“新企划活动”。因为“GURUNAVI”也希望新的企划活动能够取得成功，因此会加大宣传力度。

2. 检索店铺时最优先检索的关键词还要属“地域”。因此，应多花一些广告费用，提高自己店铺在按地区进行检索的网站中的排名。

以上举措能够确保店铺在“GURUNAVI”网站花费了资金后获得较为靠前的排名。

3. 确保每次“GURUNAVI”网站进行信息更新时，能够令店铺信息登载在检索排名靠前的位置。因此，应尽可能频繁地对自己店铺的 HP 进行一些信息更新。

4. 最后，店铺 HP 的背景图片应尽量保证品位高雅，店铺经营理念清楚、明确，引人注目。

以上内容就是我对有效利用“GURUNAVI”网站的几点

建议。

顾客认为现在的店铺大部分都有自己的HP。然而，如果发现你的店铺没有HP，顾客会作何感想呢？

或许就会给顾客留下“连理所当然应该做到的事情都做不好的店铺”的印象。

也就是说，能够切实实施Web应对策略这一点本身已然成为了一种餐饮店“USP”。

如果您“不擅长利用电脑”，那么，除非您的店铺有相当大的优势和有利条件，否则今后的经营将会越发艰难。

【利用邮件的集客法】

所谓利用邮件的集客方法是指直接向目标顾客发送邮件的方法。

这一方法是利用店铺HP或直接询问的方式，获得顾客的E-mail地址，然后向目标顾客发送邮件进行营销的方法。

这是非常有效的集客方法之一，但现实情况却是，有很多人认为“我写不出什么东西来……”，因此导致很多店铺难以实施这一方法。

如果，你能够克服这一缺陷呢？

“为其他店家所不能为”。

这不正是打造出了你的店铺的“USP”吗？

在我看来，利用邮件进行集客的方法或许是在利用Web进行集客的方法中最为有效的方法。下面，就向大家说明一下为什么该方法如此有效。

顾客会把“店铺的价值观”和“自己的价值观”进行对照，并只有在产生“共鸣和认同”时才会认为这是一家“好店”。

那么，如何将这一价值观在其尚未来店光顾的时点传达给顾客呢？

这才是集客的最大关键。

因此，“价值观”一致，或者说即使部分不一致，但却能令顾客产生“共鸣”，此时顾客的来店欲望才会增强。

也就是说，能让顾客在“跃跃欲试的状态下”来店光顾。

其次，还可以通过 E-mail，对来店光顾过一次的顾客进行跟踪回访。

在以往的市场营销理论中，来店消费时间之外的集客方法只有发放传单和店铺建设。

与此相比，利用 E-mail 就能够在顾客来店消费之前和之后，实施促进顾客来店的措施。这一方法绝对能够成为打造与其他店铺差别化的手段（不过，如果其他店铺也全部采用了这一方法则无法打造出差别化）。

所以还请再次认真考虑。

你可以像以前那样，花了几十万日元派发传单才能够将店铺信息传递给潜在顾客，或者你也可以利用 E-mail，几乎不花一分钱就能直接将信息发送给现有顾客，而且还能够反复发送。

当然，除了信息以外，还可以发送照片。甚至还能够发送动画视频。而且，还能够从顾客那里获取反馈。

是的！今后，这种交互的，即“通过双向信息传递建立店铺与顾客之间信赖关系”的方式将会成为店铺生意兴隆的最重要且必不可少的方式。

因此，今后利用 Web 的集客方法将会成为建立店铺与顾客双方信赖关系、保持店铺生意兴隆的最大要点。

STEP2 来店

顾客来店消费时，要为其“再次来店做好铺垫”

在 STEP1 中，我们围绕如何吸引顾客来店光顾的措施进行了阐述。

在 STEP2 中，将围绕顾客来店消费时应该采取的措施及其思考方式进行说明。

说到在顾客来店消费时应该做的事情，一般有以下几点：

●带着微笑问候并迎接顾客的到来

●提供美味佳肴

●热情、周到的服务

●送客时的礼节

但是，在本书中，笔者并不打算罗列这些老生常谈的策略和措施。

各位读者也一定认为，既然我特意打出了“来店”名头，就一定有什么特别的内容要讲吧。

下面，就让我慢慢道来。

如果在阅读了以下内容之后，各位能够产生一些与以往接待方法不同的意识，那就一定能够在餐饮店经营方面获得长足进步。

“顾客来店时最重要的举措”就是，“为顾客再次来店做好铺垫”。

仅此而已。

实际上，以往被经常提及的“令顾客满意”“热情招待”及“Q・S・C”，全都可以看作是为了顾客能够再次光临所做的铺垫。

因此，该举措有效与否的判断标准只有一个。

即顾客是否“再次光临”。

也就是说，在接待顾客时，能否让顾客说出“我下次还会再来的”，或者让顾客这样想。

这一思考方式（观念）最为重要。应时刻心存这一想法接待顾客、打造美食商品。

或许你会说：“什么嘛，这不是理所当然的事吗？”但是，我可以保证，至今能够做到在顾客来店时“有意识地”进行“再次光临铺垫措施”的店铺几乎不存在。

诚然，在生意红火的店铺之中，是存在一部分店铺在无意识的状态下做到了这一点，但现实当中“有意识地”进行这种举措的店铺几乎没有。

那么，应该如何有意识地做到这一点呢？

关于具体的实施策略，我列举了“顾客来店时的三大原则”这三点策略，在介绍这三个具体策略之前，我想先围绕顾客欲求进行简要说明。这部分内容虽然较难理解，但却非常重要。

STEP2 来店

顾客需求与价格区间存在紧密联系！需求的 5 阶段理论

你知道人类有五大需求吗？

这是心理学家亚伯拉罕・马斯洛①提出的需求层次理论。

①生理需求

第一个需求是“生理需求”，也就是为了生存的饮食需求等。

将这一需求置换到对餐饮店的需求，即一餐低于 600 日元的餐饮。

比如：麦当劳和吉野家等被称为快餐的业态。

顾客对该业态的需求是能够“填饱肚子”的食物。

这个数额与一个人在家吃一顿饭的平均花费金额基本一致

① 亚伯拉罕・马斯洛 (Abraham Maslow，1908 年 4 月 1 日—1970 年 6 月 8 日)，美国人本主义心理学家，以需求层次理论 (Need-hierarchy theory) 为人熟悉。第三代心理学的开创者，提出了融合精神分析心理学和行为主义心理学的人本主义心理学，于其中融合了其美学思想。

（而从不用自己制作和收拾打扫这一点来说，可以说很便利，有其价值）。

②安全需求

一旦满足了首要需求，人类就会产生下一个需求。

第二个需求被称为“安全需求”。这一需求原本有抵御外界敌人、保护自身的含义。能够维持身体所需能量之后，人类就会想要获得安全感。在现代日本，安全需求即代表了“保住财产”（便宜）、“节省时间”（快捷）、“防止身体中毒”（美味）。

拿餐饮店来讲，就是一餐高于600日元、低于1000日元区间内的业态。比如拉面店等。在这一业态中，除了“便宜”，顾客还要求其“美味”“快捷”。这是因为顾客对这一业态的需求上升了一个层次。

以这一价格，就能够品尝到该业态内最美味的食品了。

比如拉面等。

③爱·归属的需求（社交需求）

第三个需求是“爱·归属的需求”，即“想要得到关注”“想要与其他人分享”的需求。

在此阶段，顾客需求就开始与人类的社会生活（人际关系）产生纠葛和联系。

因此，在此价格区间内的餐饮店几乎没有一个人单独用餐的情况。基本上都是以结伴用餐为前提来店消费。

该价格区间大致在1000~2500日元。

具体来说，顾客对在此价格区间的业态的需求是：店员能面带微笑地问候“欢迎光临”，且能和朋友愉快地交谈。

实际上，在比这一需求低一个层次的“安全需求”中，即使没有店员问候“欢迎光临”，而是采用自动售货机购买餐饮券的形式也是被顾客认可的。这就是在“安全需求”层次顾客并没有过多期待“爱·归属”的证据。

而在这一层次的餐饮店，如果没有店员面带笑容问候顾客“欢迎光临”，或是不能让顾客与友人愉快交谈，则会对店铺自身形象产生极大的损害。

▲马斯洛的5阶段需求层次▼

马斯洛需求层次理论认为人类的基本需求大体上只有五个层次，
该理论认为需求是具有阶段和层次的。

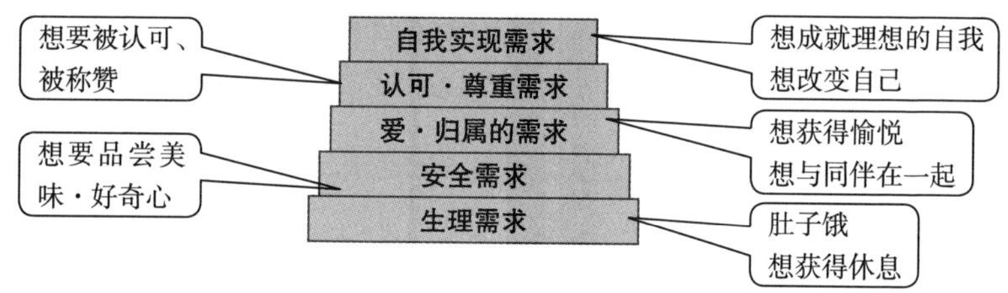

④认可·尊重需求

第四个需求被称为“认可·尊重需求”。即“想要被社会认可”“想要获得称赞”的需求。到了这一层次，人类开始想要获得来自对方以及第三者对自己的尊重。

从餐饮店的价格区间来讲，虽然也有一些例外，但大致上人均价位在2500~5000日元。

在这一层次和阶段，餐饮店从业人员与顾客之间的对话就变得必不可少了。

这是因为在这一层级，餐饮店必须给予顾客认可，必须称赞顾客，因此以此为前提，就必须对顾客有所了解。

也就是说，双方的沟通交流不可或缺。

⑤自我实现需求

第五个需求被称为“自我实现需求”，因此被认为是人类所能拥有的最高等级的需求。

所谓“自我实现”，是指“成就理想的自己”这一需求。

也就是说，想要实现“我要是能变成那样就好了”或是“真想成为这样的人啊”等“梦想”及“目标”的需求。

以餐饮店的价格区间来讲，客单价大致在5000日元以上。

以上就是“人类需求的五大层次理论”。

如何?

你意识到餐饮店的客单价和人类需求之间的关联性了吗?

但是，这一点要说理所当然的话，也确实是理所当然的事。因为人类就是这样，始终依据本能的需求来产生购买行为的。

如果你的店铺的人均价位与顾客需求之间的平衡产生了差距，就请赶紧修正过来。

顺便附加一句，所谓生意兴隆的餐饮店，其店铺人均价位的需求水平一定是满足高于自身一到两个等级的。

比如吉野家。本来价位只是达到填饱肚子即可的生理需求层次的吉野家就同时满足了“快捷”“美味”等“安全需求”。

▲餐饮店客单价与顾客需求之间的关系▼

兴奋度（感动程度）	一般	高兴	兴奋	中等兴奋	超级兴奋（感动）
美味程度	几乎没有变化				
需求内容	填饱肚子、获得休息	想要品尝美味、想便宜、想要快捷、想省心、想要新鲜感·满足好奇心	想获得关注、想被尊重、想兴奋、想享乐、想放松	想引起骚动、想交谈、想被称赞、想被重视	想要获得感动、新的发现、新的邂逅和惊喜、想成为不一样的自己
具体做法	快餐化	价格实惠、上菜快捷、菜品美味、做法规矩、用料讲究	问候亲切、店员注意微笑·答话·行动、店内外装潢注意体现氛围	员工，特别是主厨与顾客的交流、对顾客来店的犒赏	令人惊喜、感动、欢笑、向顾客传达店铺的使命感
酒水				推荐酒水 廉价酒水	推荐酒水 高端酒
客单价	250~600 日元	600~1000 日元	1000~2500 日元	2500~5000 日元	5000~10000 日元
店铺	快餐店	拉面店	郊外型意式餐厅、烤肉店、高级咖啡厅	厨房式居酒屋	意式高级餐厅
需求内容	生理需求	安全需求	爱·归属的需求	认可·尊重需求	自我实现需求

打造生意兴隆的餐饮店的诀窍即进行店铺建设时力争满足高于自身定位一个或两个等级的需求。

STEP2 来店

为再次来店进行铺垫的顾客来店时的三大原则

接下来，让我们再回到刚才的话题，围绕顾客来店时应采取的举措进行阐述说明。

① 顾客的自我实现

对于“什么是顶级服务？”这个问题，我听到过各种各样的回答，如“热情周到的接待”“最美味的料理”“令顾客感到满意”等。

确实，这些都是正确答案，那么具体如何才能够做到这些呢？对此似乎鲜有人知。

我曾经为超过 500 家餐饮店提供过咨询服务，却从来没有遇到过能够准确、恰当地回答这一问题的店长、店主。

当然，我并不是在向他们追问这一问题的“正确答案”，而只是希望他们能够依据自身价值观，搞清楚自己公司（店铺）的定义。

因为，如果对这一问题一直含混不清，就会导致接待人员，甚至每个人（店员）都只依据自己的价值观采取行动。讲到能够清晰、准确地把握自身定义的企业，其中的代表毫无疑问应属东京迪士尼乐园。

那么，如何才能够把握企业的定义呢?

让我们来复习一下前文的内容。

在“顾客需求5阶段理论”最顶端的需求——“自我实现需求”中，就有我们要找的答案。

“顶级服务”是指：

“最大限度地帮助顾客完成自我实现。”

很多人会问:“顾客在餐饮店的自我实现，到底是指什么呢?”那么，我就要再问大家一个问题。

人最高兴的时候，是什么时候呢?

答案一定是“自己获得了成长和进步的时候”。

婴儿第一次自己努力靠双脚站立起来的一刻，会浮现出满面的笑意。

在跳高时也一样，每次把自己的纪录提高1厘米都令人极其兴奋。

也就是说，在完成自主设定的或某人下达的任务时，或是刷新了自己的最好成绩时，人是最高兴的。

将这一理论对照到顾客身上是什么情况呢?

“我想要知道的问题搞清楚了”“获得了意想不到的体验”。

只要让顾客体会到这些即可，这些对顾客来说就是最大的喜悦。

那么，如果顾客本身并没有这样的目的或目标的话，应如何处理呢？

确实，有很多顾客来店消费时，并不带任何目的或目标。

此时，店方应如何去做呢？

毫无疑问，当然是：

“为顾客创造一个目的或目标。”

这是本节内容中最重要的地方，我再重申一遍。

“店方应为顾客创造一个目的或目标”。

具体应如何去做，可以围绕顾客不知道的料理信息、红酒知识、美食享用方式等，提供给顾客“以往并不知道，但知道这些知识后一定能够感到更加快乐的信息”。

通过这些举措，就能够让顾客产生课题（目标或目的）。然后顾客就会想要解决这些课题，而多次来店消费。

如果，顾客已经解决这一课题，那就再给顾客创造下一个课题即可。

这样顾客就会想要再解决更多的课题，而不断地努力学习（来店消费）。

这就是帮助顾客完成自我实现的方法。

因此，店方必须始终比顾客更超前地学习，事先准备好

“能向顾客提出课题的材料”。

如此一来，店方和顾客就会获得共同进步和成长。

这才是我们在经营餐饮店过程中能够感到“最大满足”的瞬间。

读到这，各位已经意识到了吧。

事实的真相是：“要想取悦顾客，就要先让自己获得最大的快乐。”

② 提供美味料理

“顾客来店时的三大原则”中，第二个原则正如前文所述，即在大家吃惯了的普通料理中，加入 20% 的新鲜刺激，令顾客感到惊喜。

这样，顾客对店铺的印象也会产生巨大的变化。

③ 获取顾客邮件地址

而“顾客来店时的三大原则”中的最后一个原则是，获取新顾客的邮件地址。

为了使该顾客今后能与店铺有更多来往和联系，必须能够向顾客发送各种信息。

因此，必须获得顾客的联系方式。顾客来店时，获取对方邮件地址的方法大致有三种。

1. 在调查问卷中设置邮件地址填写栏

2. 交换名片
3. 直接向顾客请求“请告知您的邮箱地址”

哪种方法更容易获得顾客的邮件地址，各个店铺情况不一。

调查问卷有调查问卷的好处，店长一个个地与顾客交换名片也有其优势。另外，店方还可以举办某些特惠活动，并告知顾客“作为享受优惠的条件，需要提供邮件地址”，这也是一种办法。

采取哪种办法，取决于店铺的人均价位和店铺氛围，以及店长的性格。

因此，请在充分思考和讨论后，确定哪种方法最适合自己的店铺。

因为这能够反映出店铺的“价值观”。

以上内容就是“顾客来店时的三大原则”。

STEP2 来店

调查问卷的有效利用方法

在本节中，将围绕调查问卷进行一些补充说明。说起来，调查问卷的作用是什么呢？

是为了获知顾客对店铺的评价？还是为了掌握料理的口味及上菜温度、速度快慢？或是为了检验服务是否到位？抑或是为了收集顾客的个人信息？

调查问卷，最想要获知的就是“顾客的个人信息”。也就是邮件地址，特别是顾客的手机邮件地址。

其次想要获知的就是顾客的来店动机。

关于这一点，很难得到顾客真实的回答。“真正的来店动机”原本就连顾客本人也几乎很少能够察觉到。

如果仔细回想，其动机可能是“想要取悦邀请一起去吃饭的朋友”或是“给自己的一次奢侈享受（奖励）”抑或是“为了宴请领导或招待合作方”等。

这些真实动机有很多连顾客本人都没有意识到。因为一般人们在选择用餐地点时，不会每次都思考或在意自己的来店动机。

因此，如果想要探寻顾客真实的来店动机，就必须由店方主动设计一些选项，用“您的来店动机是因为这一点吗？”这样的语气来进行询问。

所以，调查问卷也必须像下面的范例一样，多设计一些选项。

选项内容的设计要能令顾客感到平时没有意识到，被问到了才头一次感到“或许真是这样”。

另外，关于调查问卷，应尽量不在选项中加入否定的内容。

这是因为如此一来在填写和回答调查问卷的过程中，顾客就会去寻找一些店铺的负面因素。

一旦顾客开始思考“这么说来这家店好像有什么不太好的地方”等时，就会找出一大堆店铺的负面因素。

这样一来反而弄巧成拙，带来负面效果。因为店铺在顾客的意识当中加入了负面的内容，所以就会令顾客在潜意识中记住对店铺不好的印象。

▲在调查问卷中，回答的选项应设计得易于回答▼

顾客调查问卷

滋滋烤肉

感谢您今天对本店的光临惠顾。请在此写下您对本店的感受和意见。

拼音		性别	生日
姓名		男・女	年　月　日
住址	邮编　　TEL： 市　区		
Mail		手机 Mail	

Q1. 来店日期　　月　日（　）

Q2. 来店人数　　人

Q3. 来店次数？

第 1 次　　第 2 次　　3 次以上　　经常光顾

Q3. 您的来店动机是？　（可多选）

路过　听人提起　看到 DM 广告　随意逛到　没有别的地方可去

正好感到饥饿　想吃烤肉

想吃点烤肉、小菜，好好喝顿酒　想和朋友一起来热闹热闹

想和家人一起用餐

其他（　　）

Q4. 您认为菜单上还应添加什么菜品？（可多选）

参鸡汤　雪浓汤　韩式烤三层肉　韩式脊骨汤　海苔卷

鲜鱼刺身　韩式关东煮　美味甜点

日本酒　红酒

漂亮女生　帅气小伙　店员的笑脸

其他（　　）

Q5. 我们一致努力让您获得美味料理和愉快的用餐环境。

如果您有更好的改进意见，请写在下方空白处。如果您觉得哪些地方值得表扬，也请您对店主和店员提出鼓励。请您随意填写。

〔　　〕

感谢您认真填写调查问卷。

今后，我们也将认真听取您的意见和建议，努力为您打造更愉快的用餐环境。敬请期待。

店主

【个人信息】

以上个人信息受个人信息保护法保护。除“滋滋烤肉”外，保证不用于其他用途。店主

把来店顾客看作“口碑领导者”

最后，笔者还要再对顾客来店时的另一项重要措施加以说明。

这就是将顾客当作“店铺介绍者”来对待。

这一点与前文讲到的口碑的相关内容也有紧密联系，也就是说，目前来店消费的顾客实际上正是潜在的店铺口碑领导者。

因此，在接待顾客时一定要意识到这一点，并想办法让顾客能够在消费后带着某些店铺相关资料回去，将之介绍给其他顾客。

比如：店铺的宣传彩页或宣传卡片等就正合适。

最近，利用博客（网络日志）以及 SNS[①]（社交网络服务）的人也在逐渐增多。

要想让店铺被顾客记载在这些网络媒介上介绍、推荐给更多的潜在顾客，一个办法就是，将这一话题炒热。

如果是高价商品（高单价），那么要想获取潜在顾客和新顾客，这个“顾客推荐”就尤为重要。

---

① 译者注：SNS，全称 Social Networking Services，即社会性网络服务，专指旨在帮助人们建立社会性网络的互联网应用服务。也指社会现有已成熟普及的信息载体，如短信 SMS 服务。

价格优惠服务以及特殊服务等也必须能让顾客感到只有成为这家店铺的客人才可以获得如此多的好处，认为“要是把这家店介绍给那个人，对方一定会很高兴”。

STEP3 顾客稳定持续

顾客稳定持续才是保证营业额的关键

我经常建议餐饮店面向老主顾投放一些 DM 广告[①]。

结果，店长大部分都会如下回复我说：

“我们家每个月有 1 万多位顾客来店消费呢。怎么找出谁是经常来的老主顾啊？这事儿做不到。根本不可能。”而且他们还说：

“我们也曾尝试过要制作一个顾客名单，发送 DM 广告。但是搜集顾客的住址非常困难。就算跟顾客说要交换名片，有一半左右的顾客也不会给我们名片。”

接着，又说：

“而且，即便我们拿到了顾客的住址，一张明信片就要花费 50 日元，加上制作费 30 日元，邮寄给 1000 位顾客的话就是 8 万日元的花销。而且，再加上还要附送打折券，这样算来岂不

① 译者注：DM 是英文 Direct Mail advertising 的省略表述，直译为“直接邮寄广告”，即通过邮寄、赠送等形式，将宣传品送到消费者手中、家里或公司所在地。亦有将其表述为 Direct Magazine advertising（直投杂志广告）。两者没有本质上的区别，都强调直接投递（邮寄）。

是入不敷出，没法收回成本了吗？”

最后，还总结一句说：

“我们前段时间真的照您说的做了。因为您说应该这么做。结果我们寄出去1000份广告，拿着打折券来消费的顾客只有30人，营业额总计9万日元。减去成本及各项费用后，就成了赤字。怎么样？白费功夫了吧？”

于是，店方最终决定：

“我们店再也不投寄DM广告了。”

那么，在此我要向大家提一个问题。

对餐饮店而言，最重要的是“集客”还是“顾客的稳定持续”呢？

如果是我的话，会毫不犹豫地回答“顾客的稳定持续”。

与顾客之间拥有良好互动和交往的餐饮店一定会生意兴隆，而且即便从经营数字的角度来看，也可以明显地得出这个结论——餐饮店应致力于“顾客的稳定持续”。

一般而言，新顾客的“获取费用”与老顾客的“持续化费用”之间的差异竟然能达到6∶1的比例。

接下来，笔者还要向大家陈述一项更令人震惊的事实。

大家都知道“80∶20法则”吧？

这一法则是在距今约100年前，由意大利经济学家维弗利度・帕累托提出的。该法则认为，“在任何原因和结果之间，都存在着不平衡，这一不平衡的比例大约为80∶20”。

比如：在经营活动中，“全部商品之中的20%创造了80%

的营业额”。

另外，如果我们将目光转向人类的社会生活，就会发现，“80% 的犯罪是出于 20% 的犯罪者的所作所为”“80% 的交通事故是由 20% 的驾驶员引起的”，等等。

机动车的发动机也是如此。有 80% 的燃料是被浪费掉的，而只有 20% 的燃料在发挥有效作用，为车轮输送动力。

在餐饮行业，我们也经常使用该法则进行“ABC 分析”[①]。该分析是调查占据营业额 80% 的商品（大概占全部商品的 20%），并检查其口味及温度、装盘等的分析方法。

但是，笔者在此想要介绍给大家的并不是这一事实。

我认为，餐饮店对“80∶20 法则”的使用方法是不恰当、不准确的。

我之所以这么说，是因为在现实情况中，餐饮店虽然对商品进行了细致认真的调查，但对顾客却几乎没有进行任何调查。

正如前文所述，餐饮店营业额的 80% 是由排名前 20% 的顾客创造的。

经常来店消费的常客、老主顾，正是这排名前 20% 的顾客。

正是这 20% 的顾客创造了店铺 80% 的营业额。

是的。只要对这 20% 的顾客投寄 DM 广告，就能够将 80%

① 译者注：ABC 分析法是指将物资按照重要程度分为特别重要（A 类物资），一般重要（B 类物资）和不重要（C 类物资）三个等级，根据不同类型的物资进行分类管理和控制的方法。是一种根据帕累托最优原则设计的分类方法，多用于库存分析。

的营业额进一步提高。

这样你还会说向老主顾投寄DM广告无济于事、纯属浪费吗？

如果不知道顾客的住址，只要在顾客就餐时或结账时问一句就行了。另外在索要顾客名片以及住址时，应当准备一些小礼品。

首先拿着礼品来到顾客身旁，然后调整一下气息，对顾客说明：“我店想要向您寄送一些相关打折优惠等信息，能否告知您的住址或邮件地址呢？”这样请求的话，大约80%的顾客都会告知的。

对于餐饮店而言，真正重要的不是“集客”，而是“顾客的稳定持续”。

STEP3 顾客稳定持续

灵活运用“顾客9阶段理论”进行集客

你知道以店方来看，顾客的状态分为9个阶段吗？

“啊？9个阶段？”你或许会感到奇怪，但顾客状态确实有9个阶段。请参考第154页的图表。笔者将按照顺序逐一进行说明。

最下面的阶段是指，尚不知晓店铺的存在的“潜在顾客”。

第二个阶段是，虽然知道了店铺的存在，但尚未来店消费的“预期顾客”。

第三个阶段是初次来店消费的顾客，也称为“尝试顾客”。

第四个阶段是第二次来店的顾客，也称为“再次尝试顾客”。

第五个阶段是来店消费三次以上的顾客。在这一阶段以后均称为“顾客”。也就是“常客、主顾”。

第六个阶段是频繁来店消费的顾客，即被称为“常客”“优质顾客”“回头客”的客层。

第七个阶段是最终可称为“信徒”的顾客客层。

“优质顾客”和“信徒”之间的差别在于，二者为店铺带来利润的比例，也就是说，其判断基准在于是否能为店铺介绍来新顾客。

对店方来说，信徒越多越有利。因为信徒就会主动对店铺进行宣传，而店方自身只需要孜孜不倦地认真开发新菜品即可。

不过别忘了还有两个顾客阶段。

第八个阶段的顾客名称少有变化，叫作“尝试休眠顾客”。

第九个阶段称为“回头休眠顾客”。

“尝试休眠顾客”是指在经历了第三、四个阶段之后，不再来店消费的顾客。

而“回头休眠顾客”是指在第五、六、七个阶段的顾客之中，不再来店消费的顾客。

实际上，在我的调查中可以发现，第八个阶段、第九个阶段的顾客数量其实非常之多。

▲顾客金字塔（顾客 9 阶段理论）▼

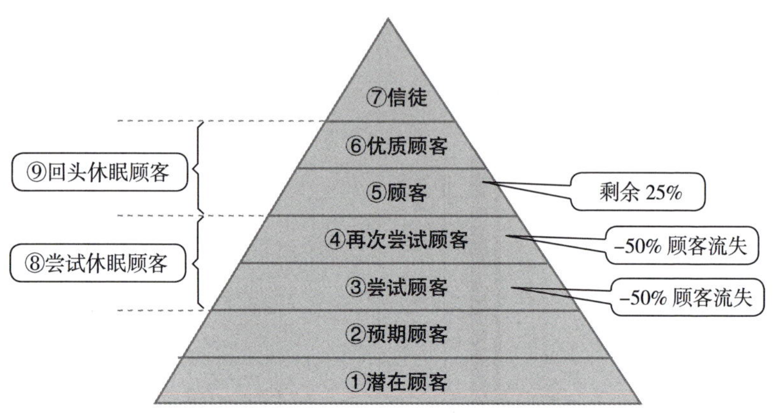

STEP3 顾客稳定持续

顾客不再来店的五个理由

那么，顾客到底为什么不再来店消费了呢?

“店方做出了什么不礼貌的行为了吧？”

“也许是菜品价位偏高？”

“或许是料理不好吃？”

你是不是这么认为的呢?

我亲自考察了数百家餐饮店的经营现状，得出了一个结论——由于以上理由导致顾客不再来店消费的情况少之又少。

之所以这么说，是因为实际上目前餐饮业的服务水平普遍得到了很大的提高，而菜品价格也在不断下降。料理也在成本上下了较大功夫，因此我可以断言，现实情况是，餐饮店的菜品口味都在不断提升。但即便如此，也有不少餐饮店只有极少数的顾客来店频率有所增加，顾客数量、营业额不仅几乎毫无提高，甚至反而有所下降。

正如前文所述，在菜品的美味程度上，比起刚刚开张营业之时，随着经营时间的积累，营业年头越久，菜品口味越会得到真正的提高。

但即便如此，却仍有很多餐饮店的营业额不断减少。

那么，导致顾客不再来店消费的真正理由到底是什么呢？

其理由主要有以下五点。

【导致顾客流失的五大要素】

1. 忘却
2. 厌倦
3. 失望
4. 毕业
5. 优先顺序（优先级）的下降

下面，对这五个要素逐一进行说明。

1. 忘却

导致顾客流失的最主要原因就是“忘却”。

人类具有过三天就会忘记大部分事情的特质。如果放任不理，该事件就会直接被掩埋、封存在记忆的仓库中。

人来人往、地段良好的店铺，就能让顾客经常看到店铺的存在，从而抑制人类健忘的特性，并“难以忘记”店铺的存在，所以这样的店铺营业额就会比较好。

2. 厌倦

“厌倦”也是导致顾客流失的最大理由之一。在如今日新月异的时代变化中，无论多么优质的营销理念、商品·服务·建筑物等，其信息新鲜度的老化速度也在不断加剧，并不断有新的事物产生出来。

我认为，一个新的营销理念，其平均寿命在 3 年左右。

要想正确应对及处理顾客的“厌倦”，要么需要在顾客尚未厌倦的时期内，不断地向顾客提供新的营销理念或商品服务，要么就只能创造出无论顾客来店多少次也不会厌倦的产品，除此之外别无他法。

3. 失望

这一要素被人们普遍认为是顾客不再来店消费的最大理由。

比如：菜肴难吃、服务差劲、店内不干净、交通不方便、价格偏高（相对其价值而言），等等。

对于这些问题点，只要仔细查阅调查问卷等就可发现，或者实际站在顾客角度去观察也可以一目了然。

虽然这些问题点是最容易被发现的，但令人意外的是，店长或厨师长，甚至经营者自身却大多无法发现顾客的不满意，因此应由专人提出应检查的项目，并定期进行认真检查，每发现问题，就要及时实行改善措施。

4. 毕业

所谓“毕业”是指在顾客看来，对店铺抱有一种“虽然没有什么不满意的地方，但也想不出什么来店的理由”的感觉。

一开始，觉得店铺这里也新鲜，那里也新鲜，感到“必须要一探究竟”，把菜单上所有的菜都尝个遍，彻底找出这家店的所有优点。

最终，顾客会得出该店“差不多就是这个水平了”的结论，将店铺水平归结到了自己的标准范围之内。

一旦归类完成，该店对顾客也就失去了魅力。

因为这家店已经完全被顾客看透、摸清了。

于是顾客就从这家店“毕业”了。

顾客就会开始思考“还有没有别的能让我兴奋的店呢”。

这种现象并不鲜见。大部分人都拥有这样的脑部思维结构。

对此，经营者、员工、兼职人员应不断学习，提供顾客所不知道的信息。如前文所述，“帮助顾客成长”。

人类会对自己的哪怕一点点的成长进步感到“快乐”，并想要“再次来店”。

这些或许是我自以为是的臆想，但我认为店铺还是对顾客稍微保持一点神秘感为好。

5. 优先顺序的下降

当店铺在顾客“最想光顾”的店铺中的优先顺序下降时，顾客自然而然就会对该店加以疏远。

大部分人都会在不知不觉中思考“这种场合应该去这样的店”并最终确定用餐地点。

也就是在无意识中就对各个店铺排好了优先顺序。

在这些店铺排名中顺序下降，则意味着顾客会转而光顾其他店铺。

在争夺同一块蛋糕（抢夺同一市场）时，这种倾向更为明显。

因此，必须在平时就密切调查同一区域内的新店信息以及竞争对手店铺的动态。

其秘诀就在于，比其他店铺抢先一步，或至少同时确保自己店铺的优势地位。

那么，在接下来的内容中，要向大家说明避免顾客流失、使顾客持续来店的方法。

STEP3 顾客稳定持续

30 天顾客持续计划

这一计划是将“新顾客”（“顾客 9 阶段理论”中的第 3、4 个阶段）转变为“顾客”（第 5、6、7 阶段）的计划。

假设顾客来店消费时，获得了某种“感动”。

这种“感动”会在顾客来店后不久达到顶峰，然后逐渐变得越来越浅薄，有时甚至会从记忆中彻底消失。

这一期间一般被认为是从顾客来店之日起，共计 21 天（3 周）。

▲顾客持续计划【顾客感动曲线】▼

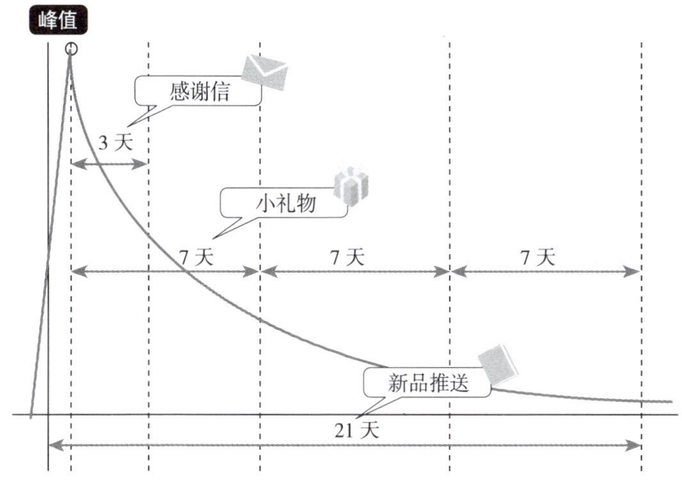

我将这一期间按照最初21天，以后约30天的时长制定了一个计划。详情请参考上页中的图表。

上页中的图表就是我总结的《30天顾客持续计划》。

特别是在顾客来店之后的3天内到7天内，这是最为重要的阶段。

在这一时期，如果能够一举获得顾客的信赖，就能够避免顾客流失。

关键在于“感动”“共鸣”。

顾客的记忆中能够残留“感动”的期限只有21天，因此在此期间如果能够采取一些措施和手段，再次激起顾客的“感动”和“共鸣”，就能一举提高顾客再次来店消费的可能性。

为此，应如何去做呢?

下面，将按照顺序逐一说明。

【3天内的感谢信（邮件）】

顾客来店消费后的3天之内，其感动值会达到顶峰。此时应刻不容缓地向顾客寄送附有“感谢您的光临”内容的感谢信。

打个比方，这就跟刚刚与恋人结束约会之后，就马上打电话或发短信告诉对方“今天玩儿得很开心”的做法如出一辙。

顾客收到感谢信就会感到“去那家店真不错，我的选择是对的”。

书写感谢信的窍门如下。

1. 首先对顾客来店消费表示感谢

2. 接下来写一些犒劳、慰问的话语，表扬顾客

3. 接着感谢顾客告知住址并强调店方对个人信息的管理责任

4. 提出证据，证明顾客来店用餐的选择是正确的

5. 获得顾客对今后通过寄送邮件（DM广告）等方式推送信息的允许

6. 如果顾客不希望收到5的信息时的对策

以上内容就是在书写感谢信时的必备事项。

最重要的就是，内容要表现出“感谢之情”和“希望今后与顾客良好互动的主旨”。感谢信中只要表达出以上内容即可。

需要注意的是，在此时暂且不要向顾客进行推销。请一定要避免这种行为。

也就是说，要把握住“感谢信”这一宗旨。

另外，要注意语气不要太随意，应庄重、有礼。

重点在于，“附言”的利用。这一方式非常有效。

人有关注“附言”并认真阅读其相关内容的习惯。

如果无论如何都要进行推销，那么可以利用“附言”来进行。推销语句不要放在正文中。

▲向顾客寄送的感谢信实例▼

一期一会

很高兴与您相识

感谢您的光临惠顾。

麻暖簾　店长　佐佐木

感谢您前几天的光临惠顾。厨师长及全体员工在此向您表示衷心的感谢。您告知我们的住址已由我店妥善保管，敬请放心。为了今后能与您进一步友好交流及互动，我店将以邮件形式向您寄送相关信息及通知，敬请查阅。如您感到不便接受邮件，请回复退订邮件，解除订阅。

麻暖簾

邮编　108-0075

东京都港区港南 2-15-2

品川国际城 3F

TEL 03-5782-8681

FAX 03-5782-8681

【7 天后的小礼物】

寄送了感谢信后，趁着顾客感觉“这家店不一般”之际，要邮寄一些小礼物。

凭借这种令顾客惊叹“连这一步都能做到”的服务，让之前认为“寄送感谢信是理所当然的”的顾客也感到震惊。不，是“感动”。

这里的所谓小礼物，是指基本不需要花费什么成本的东西，比如从因祈祷健康有名的神社求来的 5 日元硬币，或可来店使用的“甜点赠品券”等，都可以。

关键在于，要令顾客感到“这家店居然如此为我考虑，为我花了这么多心思”。也就是说，要令顾客“感动”。

▲寄送礼物时附上的信件范例▼

首先，感谢您前几天对本店的光临惠顾。

已经到了樱花飘落，春去夏来的季节了。
○○先生，您今日可好？

普利姆斯咖啡厅已经开始为夏日推荐菜品做准备了。
专家预测今年夏天可能会迎来酷暑，因此本店必须考虑在菜品方面增加一些冷意大利面。
今天，我店就早早地邀请本店签约番茄供应商共同商讨今年的进货事项。
（今年雨水偏少，因此番茄甜度会有所增加，真是令人期待。）

今年，我们也将携手本店签约番茄供应商，使用手工制作的马苏里拉奶酪打造出本店秘制意大利面。
敬请期待成品。

随信附送的红茶可以在您工作劳累之余缓解疲乏，请在百忙之中想要放松身心时饮用。
这款红茶还带有茉莉花的轻微香气，能给您带来“治愈”的感受。

最后，真诚期待您的再次光临。

普利姆斯咖啡厅　松本和彦

PS：随信附送午餐减300日元的打折券，4月底之前有效。可邀请友人一起前来就餐。

衷心希望能与您继续保持联系。

【21天之内的新闻邮件】

最后一步就是，在21天之内向顾客寄送新闻邮件。

至于这封新闻邮件的内容，可以是店铺的新商品以及优惠信息、顾客反馈、交流话题、庆典活动信息等。另外，也可以是自己的人物简介、兴趣爱好、店铺的经营宗旨、开店以来的艰辛历程以及执着追求等内容，效果也不错。

向顾客寄送新闻邮件的目的在于，要让顾客感到“这家店原来这么真诚地对待我啊”“原来店主是这样的人啊”“原来这家店对这方面如此重视啊”。

还有一个目的就是，通过主动向顾客传递一些信息，获得顾客的“共鸣”和“信赖”。

这一新闻邮件，之后应每个月一封，持续不断地向顾客邮寄。

如果是 E-mail，则建议分成 5 次进行发送。

1. 最开始应以自身情况为中心书写内容。如：人物简介、原籍、孩提时的梦想以及目前热衷的事情，等等。另外，写一写自己的“使命”也很值得推荐。

2. 接下来应围绕店铺情况进行说明。

可以写一写当初为何想要经营这家店铺、下定决心要开店的心路历程等。

另外，还可以加入“店铺的经营策略”和“店名的由来”等内容。

3. 再接着，要围绕商品、服务进行说明。围绕店铺自身的“USP”进行阐述，最好能体现出自己店铺独一无二之处。

书写这些内容的诀窍在于，要让阅信的顾客说出“啊，原来是这样。我以前还真不知道这回事”。

4. 接下来，可向顾客传递自己的价值观。应书写一些关于自己感动的事情、失败的经历、快乐的回忆等，能让读信的人会心一笑，或心有戚戚的内容。

比如：可以书写有的客人听到了店铺的传闻，专门花费好几个小时的时间大老远地来到店里用餐；或是店铺开业之初完全没有营业额，差点就倒闭关门等艰辛经历，这些内容的效果都不错。

5. 最后，要热情、诚恳地表达出对“顾客的热爱”。表达出自己店铺的顾客是多么优秀，并且要向顾客传达出“您就是其中的一员”这一点。

以上内容就是利用 E-mail 获取顾客信赖的方法，我们称之为分布骤邮件。

▲新闻邮件范例（书信）▼

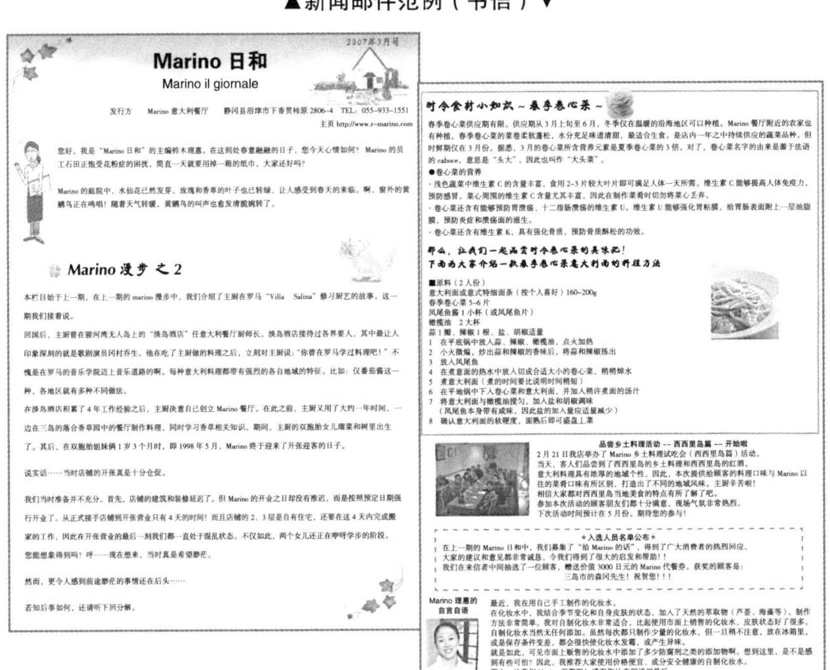

2007年3月号

Marino 日和

Marino il giornale

发行方　Marino 意大利餐厅　静冈县沼津市下香贯柿原 2806-4　TEL：055-933-1551

主页 http://www.r-marino.com

您好。我是“Marino 日和”的主编铃木理惠。在这到处春意融融的日子，您今天心情如何？ Marino 的员工石田正饱受花粉症的困扰，简直一天就要用掉一箱的纸巾，大家还好吗？

Marino 的庭院中，水仙花已然发芽，玫瑰和香草的叶子也已转绿，让人感受到春天的来临。啊，窗外的黄鹂鸟正在鸣唱！随着天气转暖，黄鹂鸟的叫声也愈发清脆婉转了。

Marino 漫步 之 2

本栏目始于上一期，在上一期的 marino 漫步中，我们介绍了主厨在罗马“Villa　Salina”修习厨艺的故事。这一期我们接着说。

回国后，主厨曾在骏河湾无人岛上的“淡岛酒店”任意大利餐厅厨师长。淡岛酒店接待过各界要人，其中最让人印象深刻的就是歌剧演员冈村乔生。他在吃了主厨做的料理之后，立刻对主厨说：“你曾在罗马学过料理吧！”不愧是在罗马的音乐学院迈上音乐道路的啊。每种意大利料理都带有强烈的各自地域的特征。比如：仅番茄酱这一种，各地区就有多种不同做法。

在淡岛酒店积累了 4 年工作经验之后，主厨决意自己创立 Marino 餐厅。在此之前，主厨又用了大约一年时间，一边在三岛的落合香草园中的餐厅制作料理，同时学习香草相关知识。期间，主厨的双胞胎女儿瑠菜和树里出生了。其后，在双胞胎姐妹俩 1 岁 3 个月时，即 1998 年 5 月，Marino 终于迎来了开张迎客的日子。

说实话……当时店铺的开张真是十分仓促。

我们当时准备并不充分。首先，店铺的建筑和装修延迟了。但 Marino 的开业之日却没有推迟，而是按照预定日期强行开业了。从正式接手店铺到开张营业只有 4 天的时间！而且店铺的 2、3 层是自有住宅，还要在这 4 天内完成搬家的工作，因此在开张营业的最后一刻我们都一直处于混乱状态。不仅如此，两个女儿还正在咿呀学步的阶段。您能想象得到吗？呼……现在想来，当时真是希望渺茫。

然而，更令人感到前途渺茫的事情还在后头……

若知后事如何，还请听下回分解。

时令食材小知识～春季卷心菜～

春季卷心菜供应期有限。供应期从 3 月上旬至 6 月，冬季仅在温暖的沿海地区可以种植。Marino 餐厅附近的农家也有种植。春季卷心菜的菜卷柔软蓬松，水分充足味道清甜，最适合生食。是店内一年之中持续供应的蔬菜品种，但时鲜期仅在 3 月份。据悉，3 月的卷心菜所含营养元素是夏季卷心菜的 3 倍。对了，卷心菜名字的由来是源于法语的 caboce，意思是“头大”，因此也叫作“大头菜”。

●卷心菜的营养

· 浅色蔬菜中维生素 C 的含量丰富，食用 2~3 片较大叶片即可满足人体一天所需。维生素 C 能够提高人体免疫力，预防感冒。菜心周围的维生素 C 含量尤其丰富，因此在制作菜肴时切勿将菜心丢弃。

· 卷心菜还含有能够预防胃溃疡、十二指肠溃疡的维生素 U。维生素 U 能够强化胃粘膜，给胃肠表面附上一层油脂膜，预防炎症和溃疡面的滋生。

· 卷心菜还含有维生素 K，具有强化骨质，预防骨质酥松的功效。

那么，让我们一起品尝时令卷心菜的美味吧！

下面为大家介绍一款春季卷心菜意大利面的料理方法

■原料（2 人份）

意大利面或意式特细面条（按个人喜好）160~200g

春季卷心菜 5~6 片

凤尾鱼酱 1 小杯（或凤尾鱼片）

橄榄油　2 大杯

蒜 1 瓣、辣椒 1 根、盐、胡椒适量

1　在平底锅中放人蒜、辣椒、橄榄油，点火加热

2　小火微煸，炒出蒜和辣椒的香味后，将蒜和辣椒拣出

3　放人凤尾鱼

4　在煮意面的热水中放人切成合适大小的卷心菜，稍稍焯水

5　煮意大利面（煮的时间要比说明时间稍短）

6　在平地锅中下人卷心菜和意大利面，并加人稍许煮面的汤汁

7　将意大利面与橄榄油搅匀，加人盐和胡椒调味
（凤尾鱼本身带有咸味，因此盐的加人量应适量减少）

8　确认意大利面的软硬度，面熟后即可盛盘上菜

品尝乡土料理活动 -- 西西里岛篇 -- 开始啦

2 月 21 日我店举办了 Marino 乡土料理试吃会（西西里岛篇）活动。
当天，客人们品尝到了西西里岛的乡土料理和西西里岛的红酒。
意大利料理具有浓厚的地域个性，因此，本次提供给顾客的料理口味与 Marino 以往的菜肴口味有所区别，打造出了不同的地域风味。主厨辛苦啦！
相信大家都对西西里岛当地美食的特点有所了解了吧。
参加本次活动的顾客朋友们都十分满意，现场气氛非常热烈。
下次活动时间预计在 5 月份。期待您的参与！

★入选人员名单公布★

在上一期的 Marino 日和中，我们募集了“给 Marino 的话”，得到了广大消费者的热烈回应。
大家的建议和意见都非常诚恳，令我们得到了很大的启发和帮助！！
我们在来信者中间抽选了一位顾客，赠送价值 3000 日元的 Marino 代餐券。获奖的顾客是：
三岛市的森冈先生！祝贺您！！！

Marino 理惠的自言自语

最近，我在用自己手工制作的化妆水。
在化妆水中，我结合季节变化和自身皮肤的状态，加入了天然的萃取物（芦荟、海藻等）。制作方法非常简单。我对自制化妆水非常适合，比起使用市面上销售的化妆水，皮肤状态好了很多。
自制化妆水当然无任何添加。虽然每次都只制作少量的化妆水，但一旦稍不注意，放在冰箱里，或是保存条件变差，都会很快使化妆水发霉，或产生异味。
就是如此，可见市面上贩售的化妆水中添加了多少防腐剂之类的添加物啊。想到这里，是不是感到有些可怕？因此，我推荐大家使用价格便宜、成分安全健康的自制化妆水。
那么，让我们 Marino 再聚吧！感谢您认真阅读到最后。

发送这种邮件，就能够向仅来店消费一次的顾客发送海量信息，使其能够获得老顾客才能知晓的各种信息。

如此，当顾客再次来店时，就已经是“常客、主顾”的状态了，不，或许已经成为主顾之上的“信徒”级别的顾客了。

这种邮件绝对会成为餐饮业强有力的武器之一。

这一手段虽然已大量被网上购物等采用，但在餐饮行业中尚属罕见，可以说，在实体店铺中运用，其效果会更为显著。

如此，“30 天顾客持续计划”即告完成。

“太难了。这个计划我自己绝对完成不了！”如果你也这么想，那就太好了。

之所以这么说，是因为这样想的人越多，能去实践的店铺就越容易与其他店铺形成差异化。

也就是说，“尽力去做就能赢”。

近来，E-mail 的功能日渐完善，比起以前，其操作愈加简单，而且也无需花费任何费用。

因此，实践这一计划的人也逐渐在增多。

这个“30 天顾客持续计划”正是最强有力的顾客持续“武器”之一。

STEP4 培养粉丝 · 信徒

催生顾客持续来店动机的“圣经”

“我已经成为这家店的粉丝了，不过我需要什么东西来证明这一点。”

“我想向其他人推荐这家店，需要一个能够作为引导的东西。”

当顾客这么说的时候，就必须提供能够展示店铺价值观的资料。

我将之称为“圣经”。（“圣经”这一叫法借鉴了我的朋友 IS Associates 股份有限公司岩本先生的意见。）

“圣经”是将店铺的“USP”和“价值观”整合为一的概念。

以普通的“圣经”为例，其形式主要有菜单、小册子、宣传单页（店铺介绍）、shop card 等。

在本书中，“圣经”主要内容为店铺说明以及经营策略。店铺执着追求的方面、本店独一无二的特色（USP）、商品说明、员工介绍、社团邀请等。

店内顾客看的最多的就是菜单。因此，菜单充当“圣经”一角时，能够发挥出极大的威力。

如果能将菜单制作成小幅的宣传单页，让顾客拿回去的话，那不就能成为强有力的促使顾客持续来店的手段了吗？

另外，小册子也效果显著。小册子即使页数较多也没关系，因为可以传递给顾客各种各样的信息。

比如：可以向顾客介绍店铺开发菜品的过程。

或者，还可以向顾客阐述店主专注提高红酒品质的话题，以及店主兴趣爱好的话题。

总之，重点是要有能让读到这些内容的顾客感到有兴趣、有意思的内容，或是觉得“我也这么认为”而感到共鸣的内容。

请结合以上细节和重点制作“圣经”。这是促使顾客持续来店的必需品。

STEP4 培养粉丝·信徒

“社团”是“顾客培养装置”兼“利润生产集团”！

能使顾客持续来店的终极法宝还应该说是“社团”。

社团，可直译为“同一地区居住，在政治、经济、风俗等方面有深切联系的社会团体”。

然而目前，人们对“社团”这一词语的理解方式发生了些许变化。

如果让我给出一个新的定义的话，我认为“社团是指对于某一目的有着共同价值观的人类集团”。

打个比方说，“秋叶系”[①] 等就是一种社团。

网络上的团体集合等也可以说属于这一范畴。

目前流行的SNS（社交网络服务）也是很好地利用了这一点，才得以不断发展壮大。

也就是说，即使人数不足，但只要是基于某种价值观，拥有共同或相似的行动特性的志趣相投者聚集在一起，就能够立刻结为社团。

社团具有以下几项重要特征。

1. 一旦结为社团，就会开始进行横向的联合协作
2. 不断邀请吸纳新的伙伴，壮大自身队伍
3. 自然而然地产生领导者

这些特征正是社团之所以能够成为“顾客培养装置”的原因。这一点也可以灵活运用到店铺自身的集客上。

可以将对店主（或主厨）的价值观产生共鸣并聚集而来的人们建立为一个社团。

这一方式才是能够防止顾客流失，并不断吸引新顾客的最

① 译者注：秋叶原是日本东京最著名的电器一条街，也是电玩一条街，在这里，ACG相关产品只要能想得到的几乎都能买得到，所以是众多动漫、游戏爱好者的流连之地。这些游戏、动漫爱好者在穿着方面有着明显的特点，要么像山田刚司一样极度不修边幅、邋里邋遢，要么像玩Cosplay一般地出位与夸张，所以一般把这类穿着打扮的方式称作秋叶系，与以时髦前卫为特点的涩谷系及以严肃典雅为特点的银座系加以区别。

有效工具。

另外，这个社团还是“利润生产集团”。

原本人类集团就具有忠诚（忠心）的特点。

因此，只要对社团名单中的顾客发送推销邮件，就可以收到相当高的销售（集客）效果。

有需要的时候，只需针对这一社团的成员发送 DM 广告，即可达到显著效果。

在经营（市场营销）中，如何建立这样的社团，才是成功的关键。

比如：假设某餐饮店成立了一个红酒品评会。

每月都会举办一次红酒试饮会。

假设该店打出了“本店将举办红酒试饮会（含每瓶价值 10 万日元以上的红酒）”的名头，征集会员。

说是每瓶红酒 10 万日元，但实际上成本只有 3 万日元。如果召集了 10 个人的话，就相当于每人 3000 日元的成本。如果顾客认为这些红酒平时难以喝到，那么将会费设置在 5000 日元左右，再加进一些其他的普通红酒，以此召开试饮会的话，肯定能让顾客感到非常满意。

如果持续不断地举办这类活动，就能够加深顾客与店铺之间的信赖关系。

而且，到了圣诞节，还可以组织这些成员举行圣诞晚会。到了新年还可以举办新年联欢会，并琢磨出今后一整年的试饮计划，组织社团的试饮项目。此时就可以组织一些价格较高、毛利较为丰厚的红酒菜单。

召集团员时，其中会自然而然地产生担当领导者角色的顾客。同时，也会产生担当辅助工作的顾客。

另外，新的社团团员的邀请和增加也是以该社团的领导者为中心进行的。

店方说到底只是以场地提供者的形式参与到社团中来，店方的立场与其说是主办方，不如说是活动的参与者之一更贴切。

不过，店方还是要与团员们增加接触的机会。每个月发送一次新闻邮件就是保证店方与团员紧密联系的最佳手段。

CASE STUDY2

“营业额达到了去年的 140%！”

随手绘制的理想店铺，半年后竟然奇迹般地成为现实

2005 年 3 月 19 日，我出席了 dynamic persons 股份有限公司主办的“目标设定研讨会”。

当天的会议主题是“可视化・形象化（用照片或图画描绘梦想・目标）”，我没有画出自己的梦想・目标，而是画了一幅我心目中的理想店铺，认为“如果店铺是这个样子，就一定能生意兴隆”。

其实，我也想画自己的梦想，但那天我就是什么梦想也想不出来。

我一边感叹自己“状态不佳”，一边随手拿起放在身旁的一本叫作《京都之旅》的书信手翻阅。

在那本书中，介绍了京都一种城镇商家风格的店铺打造方法，书中有一页刊载了一张照片，照片内容是用铁板烤制美味的京都蔬菜和肉类、鱼类。

看到那张照片时，我的雷达天线一下子就紧紧抓住了某样东西。

“就是它了！这个点子我要了！”

我这么想着，就把梦想·目标抛在脑后，制作出了“京都铁板烧”餐厅的企划案资料。

所谓一心一意、专心致志，就是这么回事吧。我就好像被什么东西附体一样，快速完成了店铺构想图。

我还画了厨师在铁板上烤肉的画面，想着“这绝对能成为店铺生意兴隆的好点子”，意气风发地拿着画好的构思图回家了。

在那之后正好过了半个月，4 月 2 日那天，和幸猪排专营店股份有限公司突然发给我一封邮件。

邮件上说“有点事希望能够见面详谈”。

事出突然，不知原因，我感到有些不安，不过还是与常务董事约定了见面。

见面地点在品川。具体地点位于品川地铁站国际城内的和幸猪排专营店和稻叶蟹类料理店。

到达后，我被常务董事迎了进去，一进到座席，我就大

CASE STUDY2

吃一惊。

我看到的店内设计和风格居然和我画的草图一模一样。我的脑子一下子就受到了极大的冲击。

从我坐着的座位望去，所见一切的角度也完全相同，不同的只是本该放置铁板的操作台上，放着的是炸锅而已（当然了，因为这里是猪排专营店）。

如果能把这家店改造成铁板烧专营店，绝对会生意红火。

想到这里，我不禁兴奋异常。

互相寒暄了一阵之后，常务董事就开始进入正题。谈话内容主要是希望我能够为他们打造一个拥有全新概念的餐饮店。

我问常务道："把这家店进行一下改造就可以了吧。"

而常务董事却回答我说："不，这家店已经决定要停业了。这里店铺地段也不好，经费花费也较高。因此，我们认为，与其在此苟延残喘，不如找个新地点，打造一个全新理念的餐饮店。为此，我们才找到了你。"

我感到非常失望。这家店本与我所设想的店铺理念完美契合，却居然要关门停业了……

那天，我们最终以由我考虑并设计一个全新的餐饮店经营理念为结论，结束了会面。

然而，在那之后过了好几天，我的想法仍然压抑不住。

于是，我直接前往总社，去面见稻叶社长，准备说服他。

CASE STUDY2

“请您不要关闭品川那家经营不善的店面，让我用我设想的理念来进行改善吧。”我如此对社长说。

稻叶社长当机立断，说到:“松本先生，既然你都说到这个份儿上了，那我就把那家店面交给你负责了。请按照你自己的想法大展身手吧。我绝不会对你的计划横加干涉。”

稻叶社长马上同意了我的想法。

一方面是我的想法终于得到理解，另一方面则是担负责任之大，让我有抑制不住的兴奋。

之后，5 个月过去了。终于在 9 月上旬，京都城镇店铺风格的餐馆“麻暖帘”开业了。该店菜品是使用铁板来专门制作的猪肉。

因为店本身是专门的猪肉料理店，所以既有西班牙的生火腿“塞拉诺”，也有韩国的猪肉料理以及传统日式猪肉料理。菜单看上去给人一种大杂烩的感觉，但我从心底对这些菜品信心十足。

但是，不管如何按照自己的想法来百分之百还原，不管自己多么地信心十足，只要不能受到顾客的欢迎，就不能算是成功。

刚开始正式营业的时候，我也颇为惴惴不安。在坚持了 1 年后，这家店的营业额不断增加，与装修前相比，增加了四成之多。

不但一改之前入不敷出的窘境，在去除为装修投入的费

CASE STUDY2

用后仍有不少利润。

毫无疑问，这次的项目可以说是我的一篇完美杰作。（当然这也离不开稻叶社长、常务以及全体员工孜孜不倦的努力与奉献，在此对他们表示谢意。）

要不是在我根据自己的设想描绘出店铺草图半年之后，突然在约见地点发现了与当时描绘的草图如出一辙的店铺，就绝不会发生上面的成功故事。

这家店之所以能够生意兴隆，看起来似乎是多种机缘巧合之下的产物，但实际上，该店的成功真的纯属意外吗？

我认为，这是我一心想要打造生意兴隆店铺的渴望所导致的“必然”结果。你们觉得呢？

第4章

掌握诀窍的诀窍

动机不是唯心论！

前文对菜品开发和具有吸引力的表现形式、集客手段以及打造生意兴隆店铺的知识、诀窍进行了介绍。

但是，所谓诀窍，如果不通过自己的亲身实践，也只不过是空话、大话罢了。

我可以断言，只要您将前文介绍的所有诀窍都加以实践，您的店铺营业额至少会比以往提高20%。

很多餐饮店每天都被繁忙的工作弄得焦头烂额，即便知道必须“盈利”，也无力将这些诀窍运用到实践中去。这种状态我已是司空见惯。

但即便如此，其中仍有一些店铺会将所学诀窍加以实践，从而得到了切实有效的成果。这其中的差别到底在哪儿呢？

直截了当地讲，差别就在于“动机”。

一说到动机，估计有很多人就会觉得“什么嘛，你说的是唯心论啊”。但是，你们错了。动机绝不是什么唯心论，而是让自己奋起向前的“方法论”。

在这里，笔者要向各位介绍将菜品开发和具有吸引力的表现形式、集客手段等诀窍运用到实践中的诀窍，并进而使您的梦想得以实现的方法。

这个动机（Motivation）中的“M”，也是我提倡的“以心传心营销学”的第一步。

动机的四大种类

不论是菜品开发还是集客，只有具有动机（动力）才能够加以实践，而大家知道动机本来有四大种类吗？

1. 由“恐惧”产生的动机
2. 对“金钱”产生的动机
3. 对“他人设定目标”产生的动机
4. 对“自己潜意识里设定的目标”产生的动机

其中，“1. 由‘恐惧’产生的动机”会对人的心灵深处形成创伤。

而这一创伤会在某一时刻与自己内心的成人部分无法融合、协调，有可能使人通过“发疯”或“反抗”，甚至对他人施以暴力等手段进行消解。

因此，不应通过威胁他人，造成“恐惧”来对人加以控制。

“2. 对‘金钱’产生的动机”也就是满足人类“物欲”。

一旦获得金钱，即会获得暂时的满足，但马上就会习惯于这种满足，而最终发现不论获得多少金钱都无法满足，或是发现金钱本身无法令人感到满足。

因此，这一种也不能算是提高动机的好方法。

接下来，第三种是对“他人设定的目标”产生的动机，即由公司或店铺对目标进行的设定，也就是“劳动定额”[①]。

通过完成目标提高自身地位以及收入，通过得到他人的认可和尊重来获得自我满足感。

作为给组织中的一员创造工作动机的方式，这一方法非常合适。

而第四种是对“自己潜意识里设定的目标”产生的动机。这种方式可以应用在各种身份和背景的人身上。

实际上，在人类的自主行为中，有意识地展开的行动仅占整体的10%左右。

大部分的行动是在无意识的（潜意识里）过程中发生的。

这句话的意思是，

“人类对自己想要做的事情，只能意识到10%左右”。

自己潜意识的部分，也就是说，虽然“有一些模糊不清的想法”，但却不知道这些想法究竟是什么。

然而，在给这些“不知道是什么但却想要去做的事情、想要得到的东西”贴上标签，转化成语言和文字，明确判断出这些就是“有价值的目标”时，人类就能够为了完成这一目标而得到异乎寻常的力量（速度和能量），还能够吸引周围的机遇

① 译者注：在一定的生产技术和组织条件下，为生产一定数量的产品或完成一定量的工作所规定的劳动消耗量的标准。劳动定额有工时定额和产量定额两种形式。

（必要的偶然）。

而且，即便是平时看来不可能完成的事情，此时也具有了能够轻松完成的能力。

关键点在于，感到“要是达成了这一目标，该多令人振奋雀跃啊”这种兴奋程度的高低之别。

兴奋感越大，目标完成时的兴奋程度就越高，完成的速度越快。

因此，首先请具体地想象一下，在开发出新菜品后，当顾客点这道菜时的喜悦以及看到顾客津津有味地品尝新菜品时的表情、店方的热忱切实传递给顾客时的感动、按照自己的设想进行实践的集客方法得到了极佳效果时的满足感，等等。

顺便提一句，我自己的公司“PREMS Inc.”的第一个信条即“一边享受工作的乐趣，一边幸福地赚钱”。（参见下图）

▲ PREMS Inc. CRED ▼

【一边享受工作的乐趣，一边幸福地赚钱】
“赚钱”是我们做出令顾客感到喜悦的事情，从而获得价值和报酬的一种交换作业。
工作必须愉快。必须找出工作的“乐趣”。
不论多么辛苦艰难的工作，也一定要包含快乐要素、工作乐趣。
掌握了能够随时找到这些乐趣的技巧的人，才是人生赢家。

正如孩童热衷于玩泥巴一样，我们也要专注地做自己最喜欢的事情，并始终一边愉快地想象着达成目标时的喜悦，一边付诸行动。

而这种你最喜欢的事情也能够给他人带来喜悦，并以此获得报酬。

我们公司一直秉承着让员工愉快工作、幸福赚钱的理念，并予以实践。

估计在今后的时代，这第四种“由自己的潜意识产生的动机”将会成为思考和研究人类动机的主流思想。

我们这些经商之人必须不断思考“令自己感到兴奋、雀跃的事情”，并将之转换成语言，甚至文字（贴上标签），整理成文与他人共享。

动机的关键是“成长”

有一家餐饮店的员工没有干劲，营业额持续下滑。

我受店主委托，去与这名员工谈话。

结果发现，这位员工工作没有干劲儿的理由竟然是“工作不愉快”。

而当我再问他“为什么感到工作不愉快？”的时候，得到的回答是：

“因为每天的工作都千篇一律。”

听了这些话后，店长涨红了脸，开始朝这名员工怒吼：

“工作没意思，不愉快？那不是理所当然的吗！工作又不是玩儿过家家！每天兢兢业业努力干活儿才是工作！你想什么呢！”

然后，店主又开始对我说：

“老师，那家伙想要快快乐乐地工作。就好像来公司上班就是来玩儿似的。真是不像话。从今天开始我要严格要求他了。所以，老师您也别再说什么‘工作要愉快地去做’了。”

这名员工想要愉快地工作。但是经营者却说工作就是件苦差事。对这两种相左的意见，您是如何看待的呢？

很遗憾，实际上大部分店铺都存在这两种思维方式的对立，因此在员工和经营者之间始终存在着一道鸿沟。

而且，这条鸿沟无论到了何时也不会被填平，结果导致员工感到工作毫无快乐可言而最终辞职。

店主就会说“那种没有干劲儿的家伙辞职了也无可厚非。就算他自己不辞职，我也得把他开除”，等等，简直就是把辞职员工当成罪犯一样看待。

每当我看到这类事例，就总是想：“真是太遗憾了，本来只要店主能正确接纳这种想法，就至少能够让一半的员工都快乐地享受工作。而且这样一来，店铺就能够生意兴隆了。”

这种想法即：人类感到最愉快的时候，就是“自己获得成长之时”。

也就是说，自我实现（成为理想中的自己时）是人类最大的快乐。

因此，一个人必须树立令人感到希望渺茫、难以实现的梦想和目标，并为了达成目标而拼命努力。

而达成目标所需的必要能量就是动机（动力）。

呵斥这种行为看起来似乎属于在前文叙述的四种动机中的

“1. 由‘恐惧’产生的动机”，而为了帮助别人成长而进行的呵斥却并没有什么坏处。

大多数经营者则忽略了动机才是“人类成长必需的能量”这一点。

具体可总结如下：

1. 人类的最大快乐是“自我获得成长”
2. 成长所需能量是建立动机
3. 动机分为四种，必须根据情况分别使用
4. “快乐”和“艰难”是互为表里的

我执笔本书的最大目的之一，就是想向读者传达以上观点。

以店长、经营者为首的管理人员们，帮助下属的成长是你们领导者的重要职责。

这才是能使公司、店铺生意兴隆的原动力。

另外，领导者自身也必须始终不断地成长。

为此，必须记录下自己的梦想和目标，针对梦想和目标建立行动计划，并依照计划不懈努力。而原动力则是由“自己潜意识里设定的目标”产生的动机。

任务（使命）是必要条件。建立独家使命方法大公开

如果有人冷不丁问了一句：

“你开店（开公司）是为了什么呢？”

你能够马上回答出来吗？

如果你能够立刻回答出来的话，那这个答案就是你的店铺（公司）的使命。

在经营陷入困境或面临极大阻碍之时，

“我们是为了某某目标才一路努力到了现在。所以我们必须团结起来，战胜困难！”像这样能说出为了什么目标而努力的，就是店铺的使命所在。

“使命”，按照字典里的解释，是“上天赋予的职责”，在店铺和公司经营中，则含有“社会功能”的意味。

也就是说，“通过向顾客提供服务为社会做出贡献”。

我们所做的工作能否给社会上的人们带去欢乐？对这一问题，始终都应该对答如流。

这也是工作的干劲，也就是工作动机之一。

至于建立使命时的诀窍，可依照“通过●●，来○○”这种形式，把使命具体化。

并且必须时常提醒自己，扪心自问：“我们现在是否忠实地

执行着自己的使命？”

这才是能保证店铺、公司持续发展的中流砥柱。

▲ PREMS Inc. 的使命▼

PREMS Inc. 作为专门为餐饮店提供咨询服务的公司，将与自主学习实践，追求成功的同伴们一起，通过菜品开发、市场营销以及建立动机等业务，实现以下几点。

1. 彻底的餐饮店市场营销公司“PREMS”的打造
2. “人生成功法则”的研究与实践
3. 建立以心与心之间的联系为基础的“以心传心营销学”的全球化标准

这就是我们公司的使命。

动机是实现梦想的能量

最近，在书店和研讨会等各种场合上，“实现梦想的方法”这类内容的书籍非常热门。

但是，关于“人生目标”“梦想是什么”，却几乎没有对此进行详细剖析和说明的。

这些书籍的作者和研讨会主办者是否能够明确地回答出“人生的目标”“梦想的定义”到底是什么呢？

我是这么想的。

“人生的目标”就是“获得成长”。

人，从生到死，一直在不断成长。即便肉体衰败，只要人脑尚未死亡，就会尽可能地吸收新鲜事物，这是人类的欲望。

而“梦想”则是把从心底里喷涌而出的欲望，用具体的语言表达出来而已。

换言之，所谓“梦想”，就是

“把从人的私欲中产生出来的尚未了却的蠢蠢欲动的欲望，贴上了一个写有梦想名字的标签”。

▲成长（快乐）的意义▼

“梦想”是实现人生目标的必不可少的指向标。

而能够催动肉体这一发动机的能量就是前文所述的四种动机。

对于员工而言，必须使公司的目标和自己的目标保持方向一致。

而逐一达成这些目标的过程就是“成长”。

在此，希望大家注意一点，就是“公司的目标”。

所谓公司的目标，是指必须基于公司使命和理念，在不背离社会正义的前提下制定的目标。

仅仅把眼前的营业额提高、利润提升作为目标，员工也以此为基准建立自身目标，这种情况绝对不允许发生。

所谓“公司的目标”，说到底还应该是能够体现出相关所有人员的“成长”的内容。

因此，领导者（经营者）必须对公司、店铺的目标设定进行认真考虑。

与此同时，经营者自身也必须身先士卒，为实现目标而每天努力拼搏。

虽然这看似理所当然，但实际上，能否得到下属的支持和拥护，取决于领导者自身是否在为了成长进步而做出努力。

“信条”决定店铺的价值

“信条”在拉丁语中的意思是信念·志向。

也就是说，是一种相当于“公司方针·社训”的东西，但我对信条的理解却有所不同。

所谓“信条”，指的就是“价值观”本身。信条就是自己向外界宣告“我以这种价值观生活”的宣言。

在这里，“我”指代的是公司·店铺·经营者·员工等所有机构和人。

通过建立“信条”，能够使顾客快速知晓并理解“这个人（这家店铺）是以这一价值观（思考方式）来开展经营的”。

也就是说，建立信条，能够达成共同的价值观。

这一方式既是与顾客建立信赖关系的十分重要的手段，又与市场营销的关系极为密切。

因为市场营销换言之，也可以说是“建立与顾客之间信赖关系的全部行为”。

那么，实际中，应如何建立“信条”呢?

首先，根据使命和经营理念设定一个“大项目”。该项目包含3~5项较为合适。

然后，再考虑“中项目”。这部分内容是关于具体的基本行为的，比如：对员工制服和工作时间的要求等。将这些内容分别总结成一条一条的小条目。

特别是对顾客投诉的应对等内容，如果不事先制定好一个基本态度，一旦出现了类似问题，员工就会感到慌乱，甚至可能对顾客产生损害。因此，请制定出一个细致入微的行动方针。

只要员工们在公司上班，“信条”就必须随身携带。

可以总结、印制成一张卡片，带在身边。

另外，最少给予员工一天有一次思考、总结“信条”的机会。

如果可以的话，最好利用晨会等场合，每天针对3个左右的条目，按照顺序让全体员工进行思考总结（发表心得体

▲建立“信条”的完整示例▼

使命（大项目）

①面对何种顾客（目标顾客）

针对尾道市周边25~70岁年龄段、具有“稍微贵点没关系，只要产品令人感到安全、放心即可”价值观的顾客

②通过何种内容（提供的商品·服务）

从世界各地严选的香气浓郁的自家烘焙研磨的咖啡、刚出锅的热气腾腾的华夫饼，员工笑容满面、热情周到的服务，舒适而放松的环境。

③提供何种价值（利益、好处）

“品尝到美味食物的满足感”“愉悦的心情和身心的放松”“跟聊得来的朋友畅所欲言”“优雅地享受独处时光”“与重要人士旁若无人地随意交谈”。

中项目

【时间】

· 我们始终提前5分钟到达现场，从容地开展工作。如果迟到一定会打电话先行通知。

【制服】

· 我们的制服是员工们的骄傲。穿着应始终保持洁净、整齐。

【顾客】

· 我们为了能帮助顾客成长而一直坚持自主学习，不断成长进步。并努力让顾客成为粉丝。
· 顾客是我们成长与否的标志。

【商品】

· 我们认为商品是我们表达对顾客热忱和忠诚的使者。
· 商品是我们向顾客表达心意的礼物。因此我们始终致力于制作能刺激五感的商品。

【服务】

· 服务是为了让顾客感到满意和愉快的表现。
· 要热情、周到、声音洪亮、面带微笑地向顾客打招呼，问候“欢迎光临”“感谢惠顾”。

【投诉】

· 我们将及时、快速地处理顾客投诉。
· 一定要以负责任的态度处理问题。
· 并且一定及时向上级汇报、协商。

【清扫】

· 我们认为清扫工作能反映一个人的内心。
· 我们热爱始终洁净、靓丽的工作环境
· 我们会随时观察店内各个角落，不放过一片垃圾。

【打招呼】

· 我们在工作中会随时与同事保持沟通。
· 相互之间进行眼神交流的同时还会对各自所做工作打个招呼。

【同伴】

· 我们重视团队合作。工作中相互信任。
· 关系友好的同时也不忘在业务上相互竞争。

【举止】

· 我们对所有工作都严格要求、认真执行。
· 我们要求自己作业姿势准确划一。
· 并且面带微笑出色地完成本职工作。

【报酬】

· 我们认为自己的报酬是“顾客赐予我们的”。
· 我们一直努力做到超出报酬的工作和贡献。

【公司】

· 我们始终不忘自己是公司的一员。
· 为公司鞠躬尽瘁。
· 公司才是能让我们实现自我的平台。

【店铺】

· 店铺不仅是人、物品、资金的活动场所，还是顾客、公司以及自我进行价值交换的场所。
· 店铺还是提高自身价值的场所。

【问候】

· 我们一定会微笑着向当天初见面的人打招呼。
· 问候对方时一定要直视对方双眼。

会等）。

比如：著名的丽思卡尔顿酒店在“信条”的使用上做得就非常出色。据说，在这家酒店，每天在其名为“lineup”的会议上，全体员工都会围绕“信条”进行意见的交换。

不过，“信条”并不是员工手册或工作指南。“信条”充其量是使全体员工共有的店铺的价值观罢了。

因此，根据使用的人的身份不同，在言语和应对上也会产生差异，但无论如何，最终的目的都是相同的，即“令顾客感到愉悦和感动”。

但是，在普通的员工手册中，却可能时常出现一些背道而驰的现象。因此，最好按照你的店铺独自的思考方式（价值观），建立属于你自己的独特的“信条”。

晨会是提高干劲的最基本方式

我的一个朋友大岛经营着一家名叫“顶点”的居酒屋，他是一位提高员工干劲的高手。

在他的店，晨会是大大方方地公开召开，任人参观的。

据说，凡是参加体验过“顶点”居酒屋晨会的人，都能和员工一样受到极大鼓舞。

我也参加过一次他们的晨会，现场的热情高涨和振奋之情，令我这个原本性格温吞、稳重的人都感到蠢蠢欲动。

该晨会令我感到佩服的地方有以下三点。

第一点是，每一名店员都有着坚定的理想和目标。

第二点是，所有人都建立了各自的自我形象（所谓自我形象，是指有自己最擅长、最自信的东西，也就是每个人都有自己的“USP”）。

第三点是，每个人每天都向外输送自己所学到的东西。

在晨会上，员工们首先畅谈自己的梦想，做出“在○○方面，我要成为全日本最好的”的宣言，最后把昨天发生的事情以及新学到的经验以“1 分钟演讲”的形式总结并发表出来。

而且他们每天都用最大的声音将这些内容喊出来。怪不得每名员工都干劲儿十足。

这才是全日本首屈一指的晨会啊。

店铺员工的工作热情如此之高，理所当然地，店铺总是宾客盈门，生意红火。

每当有人问我“提高店铺员工干劲儿和士气的最佳时间是什么时候”时，我都一定会回答说是“晨会”。

晨会就是如此重要。在开展一切工作之前，将大家聚集在一起，让大家再次认识到工作的目的和自己的职责，以及工作是实现自我理想的重要一步，因此，晨会真的非常重要。

CASE STUDY3

“通过脚踏实地的努力获得巨大成功”
历时 5 年使营业额达到 150% 的提升，盛冈意式餐厅“Cézanne”

盛冈市的“Cézanne”是从我在 OGM 咨询公司任职时就开始合作的一家意式餐厅。

这家店 7 年前的月交易额约为 800 万日元，而现在已经提升到了 1200 万日元，至今营业额仍持续稳定上涨，生意超级红火。

其营业额增长率达到了 50%，真是令人吃惊的数字。

特别是盛冈市这个地区，除了烤肉之外，别的餐馆（特别是意大利料理）几乎都生意冷淡，在这种情况下，这家店依然以压倒性的优势获得了极高的营业额。

其成功的理由有以下几点。

第一，对顾客真诚、热情的态度。任何事情都以顾客为先，经常能看到年长的顾客来店消费时，店员会赶紧到门口为客人开门，下雨天还会为客人撑伞，一直送到停车场。

在员工休息室，密密麻麻地张贴着各种检查表。

连续保持了多少天食品内无异物的纪录，出现了几次点餐错误、如何处理及避免此类事件发生等，自己必须对顾客做到哪些，都详详细细地被写在检查表中（其中大部分内容都是员工自己主动提出来并开始检查执行的）。

该店的朴社长也是一个细心、周到的人，时刻思考着如何才能让顾客感到高兴、店铺自身应如何做避免和消除失误。

正因为这家店铺的这种姿态，才会连很多孕妇和老年人都常来店消费。

而更令人惊讶的是这家店的积分卡的回收率。

朴社长若无其事地说："差不多有 100% 的回收率。"

"大部分客人都会成为我们的回头客，隔几个月就会来店消费一次。有时候甚至还有花两年的时间在积分卡上积满分数前来兑换的客人呢。虽然我们的积分卡期限是一年，但我们当然还是高高兴兴地帮他延长了期限。"

听了这番话，我深感震惊。

"那是因为那家店在乡下，没什么竞争对手吧。"

或许很多人会这么想，但我多年来与全日本无数家餐饮店打过交道，在我看来，绝不是这么回事。

这家店之所以生意兴隆，一定是因为他们与顾客之间建立了心连心的纽带，并凭借这种市场营销方式在实践中获得了成功。

"Cézanne" 实施的集客方法还有一个特点，就是我帮他们找到的 "USP"。

那就是利用当季推荐菜品这一强有力的营销手法。下面就向大家加以介绍。

"Cézanne" 的菜品看起来 "总是有新鲜感和惊喜" "令

CASE STUDY3

人无法厌倦”并且“打造独一无二的菜品”。这就是顾客们感受到的“Cézanne”的独特“USP”。

另外，在这家店的餐桌上摆放的菜单中，总是夹着一张B4大小的菜品彩色照片。

从我开始为他们提供咨询服务的2003年起，就一直坚持每当季节更替，就打造一款当季推荐菜品。这就是他们最大的“USP”。而关于菜品的打造，则正是我所擅长的。

其次，就是“通知”。

一旦建立了这样明确的“USP”，接下来就必须考虑选取哪种通知、推广的手段。

“Cézanne”除了在店内菜单中夹入推荐菜品彩页之外，还采取了一种通知、推广手段，即每季度刊登一次新闻报道广告（全彩广告）。

至于顾客来店时实施的策略，主要有：对上菜时间的严格控制、食品中混入异物的检查、接待服务的真诚度等，以此来彻底消除和避免顾客不满，提高顾客满意度。

这样，来店用餐的顾客就能够轻松惬意地品尝佳肴，在用餐过程中感到愉快和舒适。

前文提到的前来用餐的孕妇和老年人，大部分都有这样的感受。

而作为维护客户、使顾客持续化的手段，至今仍只有积分卡这一种方式。

CASE STUDY3

▲“Cézanne”的新闻报道广告▼

生火腿配马苏里拉
奶酪意大利面
1239 日元（含税）

Cézanne 春季
推荐菜品

伴随着春天的脚步，我们又迎来了大量新鲜、当季的食材。
鲜美的生火腿配上脆的卷心菜，带给您绝妙的齿间享受。
马苏里拉奶酪更是为这道菜品加分。
请您尽情享用这道充满了春季时鲜蔬菜的意大利面。

料理主任　加藤

セザンヌ

积分卡本身并没有什么特别之处，但几乎能够达到 100% 的回收率，这说明若不是该店给顾客在来店时留下了极好的印象，是绝对做不到这一点的。

现在，这家店铺正在采取措施，争取让顾客在店外的其

CASE STUDY3

他场合仍能想到“去 Cézanne 用餐”。

“Cézanne”就是这样，以“与顾客建立心心相印的密切关系”为宗旨，依靠“菜品”“菜单”这一“USP”，打败了众多竞争对手，获得了巨大的成功。

让我们期待并预祝餐饮界东北区优秀代表——朴社长在今后的经营中更加绽放光彩。

“服务的细节”系列

《卖得好的陈列》：日本“卖场设计第一人”永岛幸夫

定价：26.00 元

《为何顾客会在店里生气》：家电卖场销售人员必读

定价：26.00 元

《完全餐饮店》：一本旨在长期适用的餐饮店经营实务书

定价：32.00 元

《完全商品陈列 115 例》：畅销的陈列就是将消费心理可视化

定价：30.00 元

《让顾客爱上店铺 1——东急手创馆》：零售业的非一般热销秘诀

定价：29.00 元

《如何让顾客的不满产生利润》：重印 25 次之多的服务学经典著作

定价：29.00 元

《新川服务圣经——餐饮店员工必学的 52 条待客之道》：日本“服务之神”新川义弘亲授服务论

定价：23.00 元

《让顾客爱上店铺 2——三宅一生》：日本最著名奢侈品品牌、时尚设计与商业活动完美平衡的典范

定价：28.00 元

《摸过顾客的脚才能卖对鞋》：你所不知道的服务技巧，鞋子卖场销售的第一本书

定价：22.00 元

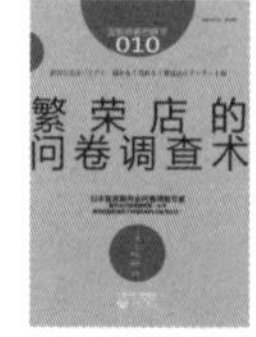

《繁荣店的问卷调查术》：成就服务业旺铺的问卷调查术

定价：26.00 元

《菜鸟餐饮店 30 天繁荣记》：帮助无数经营不善的店铺起死回生的日本餐饮第一顾问

定价：28.00 元

《最勾引顾客的招牌》：成功的招牌是最好的营销，好招牌分分钟替你召顾客！

定价：36.00 元

《会切西红柿，就能做餐饮》：没有比餐饮更好做的卖卖！ 饭店经营的“用户体验学”。

定价：28.00 元

《制造型零售业——7-ELEVEn 的服务升级》：看日本人如何将美国人经营破产的便利店打造为全球连锁便利店 NO. 1！

定价：38.00 元

《店铺防盗》：7 大步骤消灭外盗，11 种方法杜绝内盗，最强大店铺防盗书！

定价：28.00 元

《中小企业自媒体集客术》：教你玩转拉动型销售的 7 大自媒体集客工具，让顾客主动找上门！

定价：36.00 元

《敢挑选顾客的店铺才能赚钱》：日本店铺招牌设计第一人亲授打造各行业旺铺的真实成功案例

定价：32.00 元

《餐饮店投诉应对术》：日本 23 家顶级餐饮集团投诉应对标准手册，迄今为止最全面最权威最专业的餐饮业投诉应对书。

定价：28.00 元

《大数据时代的社区小店》：大数据的小店实践先驱者、海尔电器的日本教练传授小店经营的数据之道

定价：28.00 元

《线下体验店》：日本 “体验式销售法”第一人教你如何赋予 O2O 最完美的着地！

定价：32.00 元

《医患纠纷解决术》：日本医疗服务第一指导书，医院管理层、医疗一线人员必读书！ 医护专业入职必备！

定价：38.00 元

《迪士尼店长心法》：让迪士尼主题乐园里的餐饮店、零售店、酒店的服务成为公认第一的，不是硬件设施，而是店长的思维方式。

定价：28.00 元

《女装经营圣经》：上市一周就登上日本亚马逊畅销榜的女装成功经营学，中文版本终于面世！

定价：36.00 元

《医师接诊艺术》：2 秒速读患者表情，快速建立新赖关系！ 日本国宝级医生日野原重明先生重磅推荐！

定价：36.00 元

《超人气餐饮店促销大全》：图解型最完全实战型促销书，200 个历经检验的餐饮店促销成功案例，全方位深挖能让顾客进店的每一个突破点！

定价：46.80 元

《服务的初心》：服务的对象十人百样，服务的方式千变万化，唯有，初心不改！

定价：39.80 元

《最强导购成交术》：解决导购员最头疼的 55 个问题，快速提升成交率！
定价：36.00 元

《帝国酒店——恰到好处的服务》：日本第一国宾馆的 5 秒钟魅力神话，据说每一位客人都想再来一次！
定价：33.00 元

《餐饮店长如何带队伍》：解决餐饮店长头疼的问题——员工力！ 让团队帮你去赚钱！
定价：36.00 元

《漫画餐饮店经营》：老板、店长、厨师必须直面的 25 个营业额下降、顾客流失的场景
定价：36.00 元

《店铺服务体验师报告》：揭发你习以为常的待客漏洞 深挖你见怪不怪的服务死角 50 个客户极致体验法则
定价：38.00 元

《餐饮店超低风险运营策略》：致餐饮业有志创业者 & 计划扩大规模的经营者 & 与低迷经营苦战的管理者的最强支援书
定价：42.00 元

《零售现场力》：全世界销售额第一名的三越伊势丹董事长经营思想之集大成，不仅仅是零售业，对整个服务业来说，现场力都是第一要素。

定价：38.00 元

《别人家的店为什么卖得好》：畅销商品、人气旺铺的销售秘密到底在哪里？ 到底应该怎么学？ 人人都能玩得转的超简明 MBA

定价：38.00 元

《顶级销售员做单训练》：世界超级销售员亲述做单心得，亲手培养出数千名优秀销售员！ 日文原版自出版后每月加印 3 次，销售人员做单必备。

定价：38.00 元

《店长手绘 POP 引流术》：专治“顾客门前走，就是不进门“，让你顾客盈门、营业额不断上涨的 POP 引流术！

定价：39.80 元

《不懂大数据，怎么做餐饮？》：餐饮店倒闭的最大原因就是“讨厌数据的糊涂账”经营模式。

定价：38.00 元

《零售店长就该这么干》：电商时代的实体店长自我变革。

定价：38.00 元

《生鲜超市工作手册蔬果篇》：海量图解日本生鲜超市先进管理技能
定价：38.00 元

《生鲜超市工作手册肉禽篇》：海量图解日本生鲜超市先进管理技能
定价：38.00 元

《生鲜超市工作手册水产篇》：海量图解日本生鲜超市先进管理技能
定价：38.00 元

《生鲜超市工作手册日配篇》：海量图解日本生鲜超市先进管理技能
定价：38.00 元

《生鲜超市工作手册副食调料篇》：海量图解日本生鲜超市先进管理技能
定价：48.00 元

《生鲜超市工作手册 POP 篇》：海量图解日本生鲜超市先进管理技能
定价：38.00 元

《日本新干线 7 分钟清扫奇迹》：我们的商品不是清扫，而是“旅途的回忆”
定价：39.80 元

《像顾客一样思考》：不懂你，又怎样搞定你？
定价：38.00 元

《好服务是设计出来的》：设计，是对服务的思考

定价：38.00 元

《让头回客成为回头客》：回头客才是企业持续盈利的基石

定价：38.00 元

《餐饮连锁这样做》：日本餐饮连锁店经营指导第一人

定价：39.00 元

《养老院长的 12 堂管理辅导课》：90%的养老院长管理烦恼在这里都能找到答案

定价：39.80 元

《大数据时代的医疗革命》：不放过每一个数据，不轻视每一个偶然

定价：38.00 元

《如何战胜竞争店》：在众多同类型店铺中脱颖而出

定价：38.00 元

《这样打造一流卖场》：能让顾客快乐购物的才是一流卖场

定价：38.00 元

《店长促销烦恼急救箱》：经营者、店长、店员都必读的“经营学问书”

定价：38.00 元

《餐饮店爆品打造与集客法则》：迅速提高营业额的“五感菜品”，马上可以实践的“集客步骤”

定价：58.00 元

《赚钱美发店的经营学问》：一本书全方位掌握一流美发店经营知识

定价：52.00 元

《新零售全渠道战略》：新零售的本质是通过服务与技术满足消费者的即时消费需求

定价：48.00 元

更多本系列精品图书，敬请期待！

图书在版编目（CIP）数据

餐饮店爆品打造与集客法则 /（日）松本和彦 著；王思怡 译 . —北京：东方出版社，2017.2
（服务的细节；55）
ISBN 978-7-5060-9512-9

Ⅰ.①餐… Ⅱ.①松… ②王… Ⅲ.①饮食业—商业经营 Ⅳ.① F719.3
中国版本图书馆 CIP 数据核字（2017）第 035683 号

INSHOKUTEN "MENU TO SHUKYAKU" NO OUGON RULE by Kazuhiko Matsumoto

Original Japanese edition published by Nippon Jitsugyo Publishing CO.,Tokyo.
This Simplified Chinese edition published by arrangement with
Nippon Jitsugyo Publishing CO.,Tokyo in care of Tuttle-Mori Agency,Inc.,Tokyo
through Hanhe International（HK）Co.,Ltd.

本书中文简体字版权由汉和国际（香港）有限公司代理
中文简体字版专有权属东方出版社所有
著作权合同登记号 图字：01-2016-6282 号

服务的细节 055：餐饮店爆品打造与集客法则
（FUWU DE XIJIE 055:CANYINDIAN BAOPIN DAZAO YU JIKE FAZE）

作　　者：［日］松本和彦
译　　者：王思怡
责任编辑：崔雁行　高琛倩　赵晓明
出　　版：东方出版社
发　　行：人民东方出版传媒有限公司
地　　址：北京市东城区东四十条 113 号
邮政编码：100007
印　　刷：小森印刷（北京）有限公司
版　　次：2017 年 5 月第 1 版
印　　次：2019 年 3 月第 2 次印刷
开　　本：880 毫米 ×1230 毫米　1/32
印　　张：7.625
字　　数：156 千字
书　　号：ISBN 978-7-5060-9512-9
定　　价：58.00 元
发行电话：（010）85924663　85924644　85924641